AF203088

SELMA LAGERLÖF

DAS MÄDCHEN VOM

MOORHOF

Aus dem Schwedischen von
Marie Franzos

INSEL VERLAG

Insel-Bücherei Nr. 285

© Insel Verlag Frankfurt am Main und Leipzig 1927

DAS MÄDCHEN VOM MOORHOF

Es ist in einem Thingsaal, weit draußen auf dem Lande. Am Richtertisch, hoch oben im Saal, sitzt der Richter, ein großer, stark gebauter Mann mit breitem, grob geschnittenem Gesicht. Schon mehrere Stunden lang hat er einen Fall nach dem anderen entschieden, und schließlich ist etwas wie Überdruß und Düsterkeit über ihn gekommen. Es ist schwer zu sagen, ob es die Hitze und Schwüle im Gerichtssaal ist, was ihn bedrückt, oder ob die Schuld an dieser schlechten Laune die Beschäftigung mit allen diesen kleinlichen Zwistigkeiten trägt, die aus keinem anderen Grunde entstanden zu sein scheinen, als um die Händelsucht und Unbarmherzigkeit und Geldgier der Menschen an den Tag zu bringen.

Er hat gerade mit einer der letzten Verhandlungen begonnen, die heute durchgeführt werden sollen. Es handelt sich um die Forderung eines Erziehungsbeitrages.

Dieser Fall ist schon am vorigen Gerichtstag verhandelt worden, und das Protokoll des früheren Prozesses wird eben verlesen. Daraus erfährt man fürs erste, daß die Klägerin eine arme Dienstmagd ist und der Beklagte ein verheirateter Mann.

Weiter geht aus dem Protokoll hervor, daß der Beklagte erklärt hat, die Klägerin habe ihn zu Unrecht und nur aus

Gewinnsucht hierher laden lassen. Er gibt zu, daß die Klägerin eine Zeitlang auf seinem Hof in Dienst gestanden hat; er aber habe sich während dieser Zeit in keinerlei Liebeshändel mit ihr eingelassen, und sie habe kein Recht, írgendwelche Unterstützung von ihm zu begehren. Die Klägerin jedoch hat an ihrer Behauptung festgehalten; und nachdem einige Zeugen vernommen waren, ist dem Beklagten auferlegt worden, einen Eid zu leisten, wenn er nicht verurteilt werden wolle, der Klägerin die verlangte Unterstützung zu zahlen.

Beide Parteien haben sich eingefunden und stehen nebeneinander vor dem Gerichtstisch. Die Klägerin ist sehr jung und sieht ganz verschüchtert aus. Sie weint vor Scham und trocknet mühsam ihre Tränen mit einem zusammengeknüllten Taschentuch; es scheint, als könne sie es nicht auseinanderfalten. Sie trägt schwarze Kleider, die ziemlich neu und ungetragen aussehen, aber sie sitzen so schlecht, daß man versucht ist, zu glauben, sie habe sie sich ausgeliehen, um anständig vor Gericht erscheinen zu können.

Was den Beklagten anlangt, so sieht man ihm gleich an, daß er ein wohlgestellter Mann ist. Er mag etwa vierzig Jahre alt sein und hat ein zuversichtliches und frisches Aussehen. Wie er da vor dem Richterstuhl steht, zeigt er eine sehr gute Haltung. Es sieht ja nicht aus, als fände er ein besonderes Vergnügen daran, dazustehen, aber er macht auch durchaus keinen befangenen Eindruck.

Als das Protokoll verlesen ist, wendet sich der Richter an den Beklagten und fragt ihn, ob er an seinem Leugnen festhalte und ob er bereit sei, den Eid zu schwören.

Auf diese Frage antwortet der Beklagte sogleich mit einem raschen Ja. Er fängt an, in seiner Westentasche zu suchen, und holt ein Zeugnis des Pfarrers darüber hervor, daß er die Wichtigkeit und Bedeutung des Eides kenne und kein Hinderungsgrund für ihn vorliege, ihn zu schwören.

Während dieser ganzen Zeit hat die Klägerin nicht aufgehört zu weinen. Sie scheint außerstande, ihre Scheu zu überwinden, und hält die Augen hartnäckig zu Boden geschlagen. Sie hat den Blick noch nicht so weit erhoben, daß sie dem Beklagten ins Gesicht sehen könnte.

Als er nun sein Ja gesagt hat, zuckt sie zusammen. Sie tritt ein paar Schritte näher an den Richterstuhl heran, als hätte sie etwas einzuwenden; aber dann bleibt sie stehen. Es sei wohl nicht möglich, scheint sie zu sich selbst zu sagen, er könne nicht ja gesagt haben. – Ich habe nicht recht gehört...

Indessen nimmt der Richter das Zeugnis in die Hand und gibt zugleich dem Gerichtsdiener einen Wink. Der Gerichtsdiener tritt an den Tisch heran, um die Bibel zu nehmen und sie vor den Beklagten hinzulegen.

Die Klägerin hört, daß jemand an ihr vorbeigeht, und wird unruhig. Sie zwingt sich, den Blick so weit zu heben, daß sie über den Tisch hinsehen kann, und da bemerkt sie, daß der Gerichtsdiener die Bibel zurechtlegt.

Noch einmal sieht es aus, als wollte sie Einspruch erheben. Aber sie hält sich wieder zurück. – Es ist ja nicht möglich, daß er den Eid ablegt. Der Richter muß ihn doch daran hindern.

Der Richter war ein so kluger Mann, und er wußte gar wohl, was die Leute in seiner Heimat dachten und fühlten. Er müßte doch wissen, wie streng alle diese Menschen sind, sobald es sich um etwas handelt, was die Ehe betrifft. Sie kannten keine ärgere Sünde als die, die sie begangen hatte. Würde sie je so etwas aus sich selbst eingestanden haben, wenn es nicht wahr gewesen wäre? Der Richter könnte wohl wissen, welche furchtbare Verachtung sie sich zugezogen hatte. Und nicht nur Verachtung allein, sondern auch alles mögliche Elend. Niemand wollte sie in Dienst nehmen. Niemand wollte ihre Arbeit haben. Ihre eigenen Eltern duldeten sie kaum in ihrer Hütte, sondern sprachen jeden Tag davon, sie hinauszuwerfen. Nein, der Richter müßte wohl begreifen, daß sie keine Unterstützung von einem verheirateten Mann verlangt hätte, wenn ihr kein Recht darauf zustünde.

Der Richter könnte doch nicht glauben, daß sie in einer solchen Sache lüge, daß sie so furchtbares Unglück auf sich heraufbeschworen hätte, wenn sie einen anderen hätte anklagen können als einen verheirateten Mann. Und wenn er dies wüßte, müßte er den Eid doch verhindern.

Sie sieht, daß der Richter dasitzt und das Zeugnis des Pfarrers ein paarmal durchliest. Darum fängt sie an zu glauben, daß er eingreifen werde.

Es ist auch richtig, daß der Richter nachdenklich aussieht. Er heftet seine Blicke ein paarmal auf die Klägerin, aber dabei wird der Ausdruck des Ekels und des Überdrusses, der auf seinem Gesicht liegt, immer deutlicher. Es sieht aus, als wäre er ungünstig gegen sie gestimmt. Selbst wenn die Klägerin die Wahrheit spricht, – sie ist ja doch eine schlechte Person, und der Richter kann keine Teilnahme für sie empfinden.

Es kommt manchmal vor, daß der Richter in einem Prozeß

eingreift als ein guter und kluger Ratgeber, der die Parteien davor bewahrt, sich ganz und gar zugrunde zu richten. Aber diesmal ist er müde und unlustig, und er denkt an nichts anderes, als dem gesetzlichen Verfahren seinen Lauf zu lassen.

Er legt das Zeugnis hin und sagt dem Beklagten mit ein paar Worten, er hoffe, daß dieser die verhängnisvollen Folgen eines falschen Schwurs genau bedacht habe. Der Beklagte hört ihn mit derselben Ruhe an, die er die ganze Zeit über an den Tag gelegt hat, und antwortet ehrerbietig und nicht ohne Würde.

Die Klägerin hört dies mit dem äußersten Schrecken. Sie macht ein paar heftige Bewegungen und preßt die Hände zusammen. Nun will sie vor dem Richterstuhl sprechen. Sie kämpft einen furchtbaren Kampf mit ihrer Scheu und mit dem Schluchzen, das ihr die Kehle zusammenschnürt. Das Ende ist doch, daß sie kein hörbares Wort hervorbringen kann. Der Eid soll also geleistet werden. Er wird ihn ablegen. Niemand wird ihn hindern, seine Seele zu verschwören.

Bis dahin hat sie nicht glauben können, daß es geschehen würde. Aber jetzt packt sie die Gewißheit, daß es unmittelbar bevorsteht, daß es im nächsten Augenblick geschehen wird. Ein Schrecken, der viel überwältigender ist als alles, was sie bisher gekannt hat, bemächtigt sich ihrer. Sie steht wie versteinert, sie weint nicht einmal mehr. Die Augen erstarren ihr im Kopfe.

Es ist also seine Absicht, sich um seines Weibes willen freizuschwören. Aber wenn er auch einen schweren Stand mit ihr haben sollte, – deshalb darf er doch nicht seiner Seele Seligkeit preisgeben.

Es gibt nichts Furchtbareres als einen Meineid. Es ist etwas Geheimnisvolles und Gräßliches um diese Sünde. Es gibt keine Gnade, keine Vergebung für sie. Die Tore des Abgrundes öffnen sich von selbst, wenn der Name des Meineidigen genannt wird.

Wenn sie jetzt die Blicke zu seinem Gesicht erhoben hätte, – sie hätte gefürchtet, es schon mit irgendeinem Zeichen der Verdammnis gebrandmarkt zu sehen, ihm aufgeprägt von Gottes Zorn.

Während sie so dasteht und immer größere Angst sich ihrer bemächtigt, hat der Richter dem Beklagten gezeigt, wie er die Finger auf die Bibel zu legen hat. Dann schlägt der Richter im Gesetzbuch nach, um die Eidesformel zu finden.

Als sie ihn die Finger auf das Buch legen sieht, macht sie noch einen Schritt zum Richterstuhl hin; und es sieht aus, als wollte sie sich über den Tisch beugen und seine Hand fortziehen.

Aber noch wird sie von einer letzten Hoffnung zurückgehalten. Sie glaubt, daß er jetzt im letzten Augenblick noch vom Schwur abstehen werde.

Der Richter hat die Seite im Gesetzbuch gefunden, nach der er gesucht hat; und jetzt beginnt er, den Eid laut und deutlich vorzusagen.

Dann macht er eine Pause, damit der Beklagte seine Worte nachsprechen könne. Und der Beklagte fängt wirklich an, sie nachzusprechen; aber er macht einen kleinen Fehler, so daß der Richter von vorn anfangen muß.

Jetzt kann sie keinen Schimmer von Hoffnung mehr haben. Jetzt weiß sie, daß er falsch schwören, daß er Gottes Zorn für das zukünftige Leben auf sich herabschwören will.

Sie steht da und ringt in ihrer Hilflosigkeit die Hände. Und es ist alles ihre Schuld, weil sie ihn verklagt hat.

Aber sie war ja ohne Arbeit, sie hatte gehungert und gefroren. Das Kind lag im Sterben. An wen sonst hätte sie sich um Hilfe wenden sollen?

Nie hätte sie auch geglaubt, daß er eine so schreckliche Sünde begehen könnte.

Jetzt hat der Richter den Eid noch einmal vorgesprochen. In wenigen Augenblicken wird die Tat vollbracht sein. Jene Tat, von der es keine Umkehr gibt, die niemals gutgemacht, niemals ausgelöscht werden kann.

Gerade als der Beklagte anfängt, den Eid nachzusprechen, stürzt sie vor, schleudert seine ausgestreckte Hand beiseite und reißt die Bibel an sich.

Ein furchtbares Entsetzen hat ihr endlich Mut gegeben. Er darf seine Seele nicht verschwören. Er darf nicht.

Der Gerichtsdiener eilt sogleich herbei, sie zur Ordnung zu rufen und ihr die Bibel abzunehmen. Sie hat ungeheuere Angst vor allem, was mit dem Gericht zusammenhängt, und sie glaubt, daß das, was sie jetzt getan hat, sie auf die Festung bringen werde. Aber sie gibt die Bibel nicht her. Was es auch kosten möge, er darf den Eid nicht ablegen.

Auch er, der schwören will, läuft herbei, um das Buch zu ergreifen; aber sie leistet auch ihm Widerstand.

»Du darfst den Eid nicht schwören!« ruft sie. »Du darfst nicht!«

Was jetzt vorgeht, erweckt natürlich das größte Staunen. Die Versammelten drängen zum Richtertisch, die Geschworenen erheben sich, der Protokollführer springt auf, das Tintenfaß in der Hand, damit es nicht umgestürzt werde.

Da ruft der Richter mit lauter, zorniger Stimme: »Ruhe!«, und alle die Menschen bleiben regungslos stehen.

»Was fällt dir ein? Was hast du mit der Bibel zu schaffen?« fragt der Richter die Klägerin mit harter und strenger Stimme.

Nachdem sie ihrer Angst in einer Tat der Verzweiflung Luft gemacht hat, ist ihre Beklommenheit gewichen, so daß sie antworten kann: »Er darf den Eid nicht ablegen!«

»Sei still und gib das Buch zurück!« ruft der Richter.

Aber sie gehorcht nicht, sondern umklammert das Buch mit beiden Händen.

»Er darf den Eid nicht ablegen!« ruft sie mit ungezügelter Heftigkeit.

»Ist es dir so sehr darum zu tun, den Prozeß zu gewinnen?« fragt der Richter in immer schärferem Ton.

»Ich will die Klage zurückziehen!« ruft sie mit lauter, schneidender Stimme. »Ich will ihn nicht zwingen, zu schwören!«

»Was schreist du da?« fragt der Richter. »Hast du den Verstand verloren?«

Sie ringt heftig nach Atem und versucht sich zu beruhigen. Sie hört selbst, wie sie schreit. Der Richter muß wohl glauben, daß sie toll geworden sei, weil sie, was sie will, nicht in ruhigen Worten sagen kann. Noch einmal kämpft sie mit sich selbst, um Macht über ihre Stimme zu erlangen, und diesmal gelingt es ihr. Sie sagt langsam, ernst, laut, während sie dem Richter gerade ins Gesicht sieht:

»Ich will die Klage zurückziehen. Er ist der Vater des Kindes. Aber ich hab ihn noch lieb. Ich will nicht, daß er falsch schwört!«

Sie steht aufrecht und entschlossen vor dem Richtertisch und sieht dem Richter gerade in sein strenges Gesicht. Er sitzt da, beide Hände auf den Tisch gestützt; und lange, lange wendet er den Blick nicht von ihr. Während der Richter sie betrachtet, geht eine große Veränderung mit ihm vor. Alle Schlaffheit und Mißvergnügtheit, die in seinen Zügen gelegen hat, schwindet, und das große, grobe Gesicht wird durch die Rührung geradezu schön. Sieh da, denkt der Richter, sieh da, so ist mein Volk. Ich will mich nicht darüber beklagen, da doch bei einer der Geringsten so viel Liebe und Gottesfurcht zu finden ist.

Plötzlich aber spürt der Richter, daß seine Augen sich mit Tränen füllen, und da zuckt er beinahe beschämt zusammen und wirft einen raschen Blick um sich. Da sieht er, daß die Schreiber und die Gerichtsdiener und die ganze lange Reihe der Beisitzer sich vorgebeugt haben, um das Mädchen anzusehen, das vor dem Richtertisch steht, die Bibel an die Brust gepreßt. Und er sieht einen Schimmer auf ihren Gesichtern, als hätten sie etwas richtig Schönes gesehen, das sie bis in das tiefste Herz erfreut hat.

Darauf sieht der Richter auch über das versammelte Volk hin, und ihm ist, als säßen alle diese Menschen stumm und atemlos da, als hätten sie gerade jetzt das gehört, wonach sie sich am meisten sehnten.

Zuallerletzt sieht der Richter den Beklagten an. Jetzt ist er es, der mit gesenktem Kopf dasteht und zu Boden blickt. Der Richter wendet sich abermals an das arme Mädchen. »Es soll so sein, wie du es willst«, sagt er. »Die Klage wird zurückgezogen«, diktiert er dem Protokollführer.

Der Beklagte macht eine Bewegung, als wolle er einen Einwand vorbringen. »Was denn? Was denn?« schreit ihn der Richter an. »Hast du vielleicht etwas dagegen?« Der Beklagte läßt den Kopf noch tiefer sinken und sagt dann kaum hörbar: »Ach nein, es ist wohl am besten so.«

Der Richter sitzt noch einen Augenblick still, dann schiebt er den schweren Stuhl zurück, erhebt sich und geht um den Tisch herum zur Klägerin hin.

»Ich danke dir«, sagt er und reicht ihr die Hand.

Sie hat die Bibel jetzt weggelegt und steht da und weint und trocknet die Tränen mit dem zusammengeknüllten Taschentuch.

»Ich danke dir«, sagt der Richter noch einmal und ergreift ihre Hand so leicht und behutsam, als wäre sie etwas gar Feines und Kostbares.

2

Niemand darf glauben, daß das Mädchen, das eine so schwere Stunde vor dem Gerichtstisch durchgemacht hatte, selbst meinte, sie habe etwas Rühmenswertes getan. Sie meinte im Gegenteil, daß sie vor der ganzen Gemeinde beschämt sei. Sie begriff nicht die Ehre, die darin lag, daß der Richter auf sie zugekommen war und ihr die Hand geschüttelt hatte. Sie glaubte, dies bedeutete nur, daß die Verhandlung zu Ende sei und sie ihrer Wege gehen könne. Sie sah auch nicht, daß die Leute ihr freundliche Blicke zuwarfen und daß ihr mehrere die Hand drücken wollten. Sie schlich sich nur davon und wollte fort. Aber an der Tür herrschte ein großes Gedränge. Das Thing war zu

Ende, und viele wollten wieder ins Freie. Sie drückte sich an die Wand und war wohl die letzte, die den Thingsaal verließ. Sie meinte, daß alle anderen vor ihr hinausgehen müßten.

Als sie endlich ins Freie kam, stand Gudmund Erlandssons Wägelchen angespannt vor der Freitreppe. Gudmund saß darin, die Zügel in der Hand, und schien auf jemand zu warten. Sowie er ihrer unter allem Volk, das aus dem Thingsaal strömte, ansichtig wurde, rief er ihr zu: »Komm her, Helga! Du kannst mit mir fahren, wir haben denselben Weg.«

Aber obgleich sie ihren Namen hörte, – sie konnte nicht glauben, daß er sie rief. Es war nicht möglich, daß Gudmund Erlandsson sie kutschieren wollte. Er war der schmuckste Bursche im ganzen Kirchspiel, jung und schön und aus gutem Hause und in Gunst bei allen Leuten. Sie konnte nicht glauben, daß er etwas mit ihr zu tun haben wolle.

Sie ging, das Kopftuch tief in die Stirn geschoben, und eilte an ihm vorbei, ohne aufzusehen oder zu antworten.

»Hörst du nicht, Helga, daß du mit mir fahren kannst?« fragte Gudmund, und es lag ein so recht freundlicher Ton in der Stimme. Aber sie konnte es nicht in ihren Kopf hineinbringen, daß Gudmund es gut mit ihr meine. Sie glaubte, er wolle sie in der einen oder anderen Weise verspotten, und wartete nur darauf, die Umstehenden in Kichern und Lachen ausbrechen zu hören. Sie warf ihm einen erschrockenen und zornigen Blick zu und lief vom Thingplatz fort, um außer Hörweite zu sein, wenn das Lachen begänne.

Gudmund war damals noch unverheiratet und wohnte bei seinen Eltern. Der Vater war ein kleiner Bauer. Er hatte keinen großen Hof und war nicht vermögend, aber er konnte sorgenfrei leben. Der Sohn war zum Thing gefahren, um einige Urkunden für seinen Vater zu holen, aber da er noch eine andere Absicht mit seiner Fahrt verfolgte, hatte er sich sehr fein hergerichtet. Er hatte das neue Wägelchen genommen, dessen Lackierung keine Schramme aufwies; das Pferd hatte er gestriegelt, bis es wie Seide glänzte, und das Sattelzeug fein geputzt. Er hatte eine schmucke rote Decke neben sich auf den Sitz gelegt, und sich selbst hatte er mit einem kurzen Jagdrock, einem kleinen grauen Filzhut und hohen Stiefeln geputzt, in die die Hosen hineingesteckt waren. Es war wohl kein Feiertagsgewand, aber er wußte, daß er männlich und stattlich darin aussah.

Als Gudmund am Morgen von daheim fortfuhr, hatte er allein im Wagen gesessen, aber er war in angenehme Gedanken versunken, und die Zeit war ihm nicht lang erschienen. Als er ungefähr auf halbem Wege war, fuhr er an einem armen Mädchen vorbei, das sehr langsam ging und aussah, als könnte es vor Müdigkeit kaum einen Fuß vor den anderen setzen. Es war Herbst, der Weg war vom Regen aufgeweicht, und Gudmund sah, wie sie bei jedem Schritt tief in den Schmutz einsank. Er hielt an und fragte, wohin sie gehe, und als er erfuhr, daß sie zum Thing wolle, bot er ihr an, mitzufahren. Sie dankte und stieg hinten auf den Wagen, auf das schmale Brett, an dem der Heusack festgebunden war, ganz so, als wagte sie es nicht, die rote Decke neben Gudmund zu berühren. Es war auch nicht seine Absicht gewesen, daß sie sich neben ihn setze. Er wußte nicht, wer sie war, aber er vermutete, daß sie die Tochter irgendeines armen Kleinhäuslers wäre, und fand, es sei wohl genug Ehre für sie, wenn sie hinten aufsitzen dürfte.

Als sie an einen Hügel kamen und das Pferd den Schritt verlangsamte, begann Gudmund zu plaudern. Er wollte wissen, wie sie heiße und wo sie daheim sei. Als er hörte, daß sie Helga hieße und von einem Waldgütchen stamme, das man den Moorhof nenne, begann er unruhig zu werden. »Bist du immer daheim gewesen oder warst du im Dienst?« fragte er. Das letzte Jahr wäre sie daheim gewesen, früher hätte sie einen Dienstplatz gehabt. »Bei wem denn?« fragte Gudmund sehr hastig. Und es schien ihm, als dauere es lange, bis die Antwort kam. »Im Sternhof, bei Per Martensson«, sagte sie endlich und senkte die Stimme, als wollte sie am liebsten nicht gehört werden. Aber Gudmund verstand sie doch. »Ja so, du bist also die«, sagte er, sprach aber den Satz nicht zu Ende. Er wendete sich ab, richtete sich gerade auf und sprach kein Wort mehr zu ihr.

Gudmund versetzte dem Pferde einen Hieb nach dem anderen, fluchte laut über den schlechten Weg und schien recht schlechter Laune zu sein. Ein Weilchen verhielt sich das Mädchen still, aber bald fühlte Gudmund eine Hand auf seinem Arm. »Was willst du?« fragte er, ohne den Kopf zu wenden. Ja, er solle halten, damit sie abspringen könne. »Ach, warum denn?« sagte Gudmund in verächtlichem Tone. »Fährst du nicht gut?« – »Ja, danke, aber ich gehe doch lieber.« Gudmund kämpfte ein wenig mit sich selbst. Es war ärgerlich, daß er gerade an diesem Tage eine solche wie Helga aufgefordert hatte, mitzufahren. Aber er fand doch, daß er sie, da er sie einmal in den Wagen genommen hatte, nicht wieder vertreiben könnte. »Halte, Gudmund!« sagte das Mädchen noch einmal. Sie sprach sehr bestimmt, und Gudmund zog die Zügel an. – › Wenn sie durchaus aussteigen will,‹ dachte er, ›brauche ich sie doch nicht zu zwingen, gegen ihren Willen zu fahren.‹ Sie war schon unten auf der Straße, bevor noch das Pferd ganz stehengeblieben war. – »Ich glaubte, du wußtest, wer ich bin, als du mir sagtest, ich kann mitfahren,« sprach sie, »sonst wäre ich gar nicht eingestiegen.« Gudmund sagte kurz: »Behüt Gott!« und fuhr weiter. Sie hatte wohl Grund gehabt, zu glauben, daß er sie kenne. Er hatte ja das Dirnlein vom Moorhof oftmals als Kind gesehen; aber sie hatte sich verändert, seit sie herangewachsen war. Zuerst war er sehr froh, die Reisekameradin los zu sein, aber allmählich begann er mit sich selbst unzufrieden zu werden. Er hätte kaum anders handeln können, aber er war nicht gern grausam gegen irgend jemand.

Ein kleines Weilchen, nachdem Gudmund sich von Helga getrennt hatte, bog er von der Straße ab, fuhr ein enges Gäßchen hinauf und kam zu einem prächtigen großen Bauernhof. Als Gudmund vor dem Hause anhielt, öffnete sich die Eingangstür, und eine der Töchter zeigte sich auf der Schwelle. Gudmund zog den Hut und grüßte, und dabei huschte eine leichte Röte über sein Gesicht. »Ich möchte wohl wissen, ob der Herr Amtmann daheim ist«, sagte er. – »Nein, Vater ist zum Thing gefahren«, antwortete die Tochter. – »So, so, ist er schon fort?« sagte Gudmund. »Ich bin hergekommen, um zu fragen, ob der Herr

Amtmann nicht mit mir fahren möchte. Ich will auch zum Thing.« – »Ach, Vater ist immer so überpünktlich«, klagte die Tochter. – »Es ist ja weiter kein Schaden geschehen«, sagte Gudmund. – »Vater wäre gewiß gern mit einem so prächtigen Pferd und in einem so schmucken Wagen gefahren«, sagte das Mädchen freundlich. Gudmund lächelte ein wenig, als er das Lob hörte. – »Ja, da muß ich also wieder abziehen«, sagte er. – »Du willst nicht hereinkommen, Gudmund ?« – »Danke schön, Hildur, aber ich muß ja zum Thing. Ich darf nicht zu spät kommen.«

Gudmund fuhr nun geradenwegs zum Thinghause. Er war sehr vergnügt und dachte nicht mehr an seine Begegnung mit Helga. Es war doch schön, daß gerade Hildur herausgekommen war und daß sie den Wagen und die Decke und das Pferd und das Sattelzeug gesehen hatte. Sie hatte wohl alles bemerkt.

Es war das erste Mal, daß Gudmund auf einem Thing war. Er fand, daß es da sehr viel zu hören und zu erfahren gäbe, und blieb den ganzen Tag dort. Er saß im Thingsaal, als Helgas Sache geführt wurde, und sah, wie sie die Bibel an sich riß und Gerichtsdienern und Richter standhielt. Als alles zu Ende war und der Richter Helga die Hand gedrückt hatte, stand Gudmund hastig auf und verließ den Saal. Rasch spannte er das Pferd vor den Wagen und fuhr zur Treppe hin. Er fand, daß Helga sehr tapfer gewesen war, und nun wollte er sie ehren. Aber sie war so verschüchtert, daß sie seine Absicht nicht verstand, sondern sich vor der Ehre, die ihr zugedacht war, flüchtete.

An demselben Tag kam Gudmund spätabends zum Moorhof. Das war ein kleines Gehöft auf dem Abhang des bewaldeten Hügels, der das Kirchspiel abschloß. Der Weg, der hinführte, war nur im Winter mit Schlitten befahrbar, und Gudmund hatte zu Fuß gehen müssen. Es war ihm recht sauer geworden, vorwärts zu kommen. Fast hätte er sich an Stock und Stein die Beine gebrochen, auch hatte er Bäche durchwaten müssen, die den Pfad an mehreren Stellen durchschnitten. Wäre nicht Vollmond gewesen, so hätte er sich überhaupt nicht hinfinden können; und er dachte, daß das ein beschwerlicher Weg wäre, den Helga an diesem Tag hatte gehen müssen.

Der Moorhof lag auf einer Rodung, etwa auf halber Höhe des Hügels. Gudmund war noch nie dort gewesen, aber er hatte den Ort oftmals unten vom Tale aus gesehen und kannte ihn genügend, um zu wissen, daß er richtig gegangen war. Rings um die gerodete Stelle zog sich ein Reisigzaun, der sehr dicht und sehr schwer zu übersteigen war. Er sollte wohl gleichsam eine Wehr und ein Hort gegen die Wildnis sein, die das Gehöft umgab. Die Hütte selbst stand am oberen Rand der Einzäunung. Davor breitete sich ein abschüssiger Hof aus, mit kurzem grünem Gras bewachsen, und unterhalb des Hofes lagen ein paar graue Schuppen und ein Keller mit grünem Torfdach. Es war ein geringes und ärmliches Anwesen, aber es ließ sich nicht leugnen, daß es dort oben schön war. Das Moor, nach dem das Gütchen seinen Namen hatte, lag irgendwo in der Nähe und sandte Nebel empor, die sich im Mondschein prachtvoll und silberglänzend heranwälzten und einen Kranz um den Hügel bildeten. Der höchste Gipfel ragte noch aus dem Nebel heraus. Und der Kamm, der zackig von Tannen war, zeichnete sich scharf gegen den Himmel ab.

Unten über dem Tal lag der Mondschein so hell, daß man die Felder und Gehöfte und einen geschlängelten Bach unterscheiden konnte, über dem der Nebel wie der leichteste Duft schwebte. Es war nicht weit dort hinunter, aber das Seltsame war, daß das Tal wie eine fremde Welt dalag, mit der das, was dem Wald angehörte, nichts gemein hatte. Es war, als wenn die Menschen, die hier auf dem Waldgut hausten, immer unter diesen Bäumen gehen müßten. Sie konnten unten im Tale ebensowenig fortkommen wie Auerhähne und Bergeulen und Luchse und Heidelbeerkraut.

Gudmund ging über die Wiese auf die Hütte zu. Durch das Fenster drang Feuerschein, die Scheiben waren nicht verhängt; er warf einen Blick hinein, um zu sehen, ob Helga in der Hütte wäre. Auf einem Tisch am Fenster brannte ein kleines Lämpchen, und davor saß der Hausvater und flickte alte Schuhe. Im Hintergrunde des Zimmers neben dem Herd, auf dem ein schwaches Feuer brannte, saß die Hausmutter. Sie hatte den Spinnrocken vor sich, aber sie hatte aufgehört zu arbeiten, um mit einem kleinen Kinde zu spielen. Sie hatte es aus der Wiege genommen, und man hörte es bis zu Gudmund hinaus, wie sie mit ihm lachte und scherzte. Ihr Gesicht war von vielen Runzeln durchfurcht, und sie sah strenge aus; aber wie sie sich so über das Kind beugte, bekam ihr Gesicht einen sanften Ausdruck, und sie lächelte dem Kleinen ebenso zärtlich zu wie nur seine eigene Mutter.

Gudmund spähte nach Helga aus, konnte sie aber in keinem Winkel der Hütte entdecken. Da schien es ihm am besten, draußen zu bleiben, bis sie käme. Er wunderte sich, daß sie noch nicht zu Hause war. Vielleicht war sie auf dem Heimweg bei Bekannten eingekehrt, sich auszuruhen und einen Imbiß zu nehmen? Aber sie mußte auf jeden Fall bald kommen, wenn sie vor Einbruch der Nacht unter Dach sein wollte.

Gudmund blieb eine Weile mitten im Hof stehen und horchte nach Schritten aus. Es war ganz ruhig. Kein Lüftchen regte sich. Es kam ihm vor, als ob ihn nie vorher eine solche Stille umgeben hätte. Es war, als hielte der ganze Wald den Atem an und stünde da und wartete auf etwas Merkwürdiges.

Niemand ging durch den Wald. Kein Zweiglein wurde geknickt, und kein Stein rollte. Helga war wohl noch lange nicht zu erwarten. ›Ich möchte wohl wissen, was sie sagen wird, wenn sie sieht, daß ich hier bin‹, dachte Gudmund. ›Sie wird vielleicht schreien und in den Wald laufen und sich die ganze Nacht nicht heim wagen.‹

Dabei fiel ihm ein, es sei doch recht sonderbar, daß er nun auf einmal so viel mit dieser Häuslerdirne zu schaffen hatte. Als er vom Thing heimkam, war er wie gewöhnlich zu seiner Mutter hineingegangen, ihr alles zu erzählen, was er während des Tages erlebt hatte. Gudmunds Mutter war klug und hochsinnig und hatte es immer verstanden, gegen den Sohn so zu sein, daß er noch ebensoviel Vertrauen zu ihr hatte wie einst als Kind. Seit mehreren Jahren war sie krank und konnte nicht gehen, sondern saß den ganzen Tag still in ihrem Lehnstuhl. Es war immer eine gute Stunde für sie, wenn Gudmund von einer Reise heimkam und ihr Neuigkeiten brachte.

Als Gudmund nun von Helga vom Moorhof erzählte, sah

er, daß die Mutter gedankenvoll wurde. Lange saß sie stumm da und sah gerade vor sich hin. »Es scheint doch ein guter Kern in diesem Mädchen zu stecken«, sagte sie dann. »Man darf keinen verwerfen, weil er einmal ins Unglück gekommen ist. Es kann wohl sein, daß sie sich dem, der ihr jetzt beistünde, dankbar erweisen würde.«

Gudmund begriff sogleich, woran die Mutter dachte. Sie konnte sich nicht mehr selbst helfen, sondern mußte beständig jemand um sich haben, der ihr zu Diensten stand. Aber es war immer schwer, jemand zu finden, der auf diesem Platz bleiben wollte. Die Mutter war anspruchsvoll und nicht leicht zu befriedigen, und außerdem wollten alle jungen Mägde lieber eine andere Arbeit haben, bei der sie mehr Freiheit genossen. Nun war es sicherlich der Mutter eingefallen, daß sie die Helga vom Moorhof in Dienst nehmen könnte, und Gudmund fand, daß dies ein guter Vorschlag sei. Helga würde der Mutter sicherlich sehr ergeben sein. Es wäre wohl möglich, daß ihr auf diese Weise für lange geholfen wäre.

»Am schwersten wird es mit dem Kinde sein«, sagte die Mutter nach einer Weile, und Gudmund begriff, daß sie ernsthaft an die Sache dachte. – »Das muß wohl bei den Großeltern bleiben«, sagte Gudmund. – »Es ist nicht ausgemacht, daß sie sich von ihm trennen will.« – »Sie wird es sich abgewöhnen müssen, daran zu denken, was sie will und nicht will. Ich finde, daß sie förmlich verhungert aussieht. Dort oben auf dem Moorhof ist wohl Schmalhans Küchenmeister.«

Darauf antwortete die Mutter nichts, sondern begann von etwas anderem zu sprechen. Man merkte, daß ihr neue Bedenken aufstiegen, die sie verhinderten, einen Entschluß zu fassen.

Gudmund begann nun zu erzählen, wie er den Amtmann auf Älvåkra aufgesucht und Hildur getroffen hatte. Er berichtete, was sie über das Pferd und den Wagen gesagt hatte, und es war leicht zu merken, daß er sich der Begegnung freute. Auch die Mutter schien sehr vergnügt. Wie sie so unbeweglich in ihrem Lehnstuhl saß, war es ihre stete Beschäftigung, Pläne für die Zukunft des Sohnes auszuspinnen, und sie war zuerst auf den Gedanken verfallen, daß er es versuchen solle, um die schöne Amtmannstochter zu werben. Das war die prächtigste Heirat, die er machen konnte. Der Amtmann war ein richtiger Großbauer. Er hatte den größten Hof im Kirchspiel und viel Macht und viel Geld. Es war eigentlich töricht, zu hoffen, daß er sich mit einem Eidam begnügen werde, der kein größeres Vermögen hatte als Gudmund, aber es war immerhin möglich, daß er sich nach dem richtete, was seine Tochter wollte. Und daß Gudmund Hildur gewinnen könnte, wenn er es nur wollte, davon war die Mutter fest überzeugt.

Dies war das erste Mal, daß Gudmund die Mutter merken ließ, daß der Gedanke bei ihm Wurzel geschlagen hatte, und sie sprachen nun ein langes und breites von Hildur und von allen den Reichtümern und Vorteilen, die dem zufallen würden, der sie einmal bekäme. Aber bald stockte das Gespräch wieder, weil die Mutter von neuem in ihre Grübeleien versunken war. »Könntest du diese Helga nicht holen lassen? Ich möchte sie doch sehen, bevor ich sie in meine Dienste nehme«, sagte sie schließlich. – »Das ist schön, daß du dich ihrer annehmen willst, Mutter«, entgegnete Gudmund und dachte bei sich: wenn die Mutter eine Pflegerin bekäme, mit der sie zufrieden wäre, würde seine Gattin hier daheim ein behaglicheres Leben führen. »Du wirst sehen, daß du mit dem Mädchen zufrieden sein wirst«, fuhr er fort. – »Es ist ja auch ein gutes Werk, sich ihrer anzunehmen«, sagte die Mutter.

Als es zu dämmern begann, begab sich die Kranke zu Bett, und Gudmund ging in den Stall, um die Pferde zu striegeln. Es war schönes Wetter, die Luft war klar, und der ganze Hof lag vom Mondschein übergossen da. Da fiel es ihm ein, daß er schon heute in den Moorhof gehen und die Botschaft der Mutter bestellen könnte. Wäre morgen schönes Wetter, dann würde man es so eilig haben, den Hafer einzubringen, daß weder er noch irgendein anderer Zeit hätte, hinzugehen.

Als jetzt Gudmund vor dem Moorhof stand und horchte, hörte er zwar keine Schritte, doch andere Laute durchschnitten in kurzen Abständen die Stille. Es war ein stilles Klagen, ein leises und ersticktes Jammern und dann hie und da ein Aufschluchzen. Gudmund glaubte zu merken, daß die Laute von dem Schuppen her kämen, und ging auf diesen zu. Als er sich näherte, hörte das Schluchzen auf, aber es war offenbar, daß sich drinnen jemand in der Holzkammer regte. Mit einem Male begriff Gudmund, wer dort drinnen war. »Bist du es, Helga, die da drinnen sitzt und weint?« rief er und stellte sich in die Türöffnung, damit das Mädchen nicht entwischen könnte, ehe er mit ihm gesprochen hätte.

Wieder war es ganz still. Gudmund hatte wohl recht geraten: es war Helga, die da saß und weinte; aber sie versuchte, das Schluchzen zu unterdrücken, damit Gudmund glaube, er habe sich verhört, und seiner Wege ginge. Es war stockfinster in dem Schuppen, und sie wußte, daß er sie nicht sehen konnte.

Aber Helga war an diesem Abend in solcher Verzweiflung, daß es ihr nicht leicht fiel, die Tränen zurückzudrängen. Sie war noch nicht in der Hütte gewesen und hatte die Eltern noch nicht begrüßt. Sie hatte nicht den Mut dazu gehabt. Als sie in der Dämmerung den steilen Hügel hinaufstieg und daran dachte, daß sie den Eltern jetzt sagen müßte, sie habe keinen Erziehungsbeitrag von Per Martensson zu erwarten, da hatte sie solche Angst vor den harten und grausamen Worten bekommen, die sie ihr sagen würden, daß sie es nicht wagte, hineinzugehen. Sie gedachte draußen zu bleiben, bis sie sich zu Bett gelegt hätten; dann brauchte sie vielleicht nicht vor dem nächsten Tage von der unglückseligen Sache zu sprechen. Und so hatte sie sich in den Holzschuppen versteckt. Aber während sie so dasaß und fror und hungerte, kam es ihr erst recht zum Bewußtsein, wie unglücklich und ausgestoßen sie war. Alle Schmach und Angst, die sie hatte erleiden müssen, und alle Schmach und Angst, die ihrer noch harrte, stand vor ihr und drückte sie mit Bleischwere zu Boden. Sie weinte über sich selbst, darüber, daß sie so elend war und daß niemand etwas von ihr wissen wollte. Sie erinnerte sich, wie sie einmal als Kind in einen Morast gefallen und gleich untergesunken war. Je mehr sie sich gemüht hatte, in die Höhe zu kommen, desto tiefer war sie gesunken. Alle Büsche und Sträucher, nach denen sie gegriffen, hatten nachgegeben. So war es auch jetzt. Alles, wonach sie zu greifen versuchte, um sich aufrechtzuerhalten, ließ sie im Stich. Niemand wollte ihr helfen. Damals, als sie ins Moor versinken wollte, war schließlich ein Hirtenbub gekommen und hatte sie herausgezogen; jetzt aber kam niemand, sie zu retten. Jetzt war es gewiß ihre Bestimmung, zugrunde zu gehen.

Als Helga das Moor in den Sinn kam, wurde es ihr mit einem Male klar: das Beste, was sie tun konnte, war, dorthin zu gehen, in den Schlamm hinauszuwandern und sich einsinken und begraben zu lassen. Wenn eine so elend wäre, daß kein Mensch etwas mit ihr zu tun haben wollte, dann könnte sie wohl gar nichts Besseres tun als sterben. Es wäre auch für das Kind das beste, wenn sie fortginge, denn Helgas Mutter hatte es gern, obgleich sie es nicht zeigen wollte, wenn Helga daheim war. Aber wenn Helga einmal für immer aus dem Wege wäre, dann würde sich die Großmutter des Kindes wohl so annehmen, als wäre es ihr eigenes.

Sie begriff nicht, daß sie mitten in ihrem größten Elend etwas getan hatte, wodurch den Leuten eine bessere Meinung über sie gegeben wurde. Ihr wurde mit jedem Augenblick gewisser, daß das Moor die einzige Zuflucht für sie sei. Und je klarer sie dies einsah, desto mehr weinte sie.

Es war darum nicht so leicht für sie, die Tränen zu unterdrücken. Es dauerte nicht lange, so begann sie von neuem zu schluchzen. Gudmund war nichts verhaßter, als wenn Weibsleute weinten. Er hatte die größte Lust, auf und davon zu laufen; aber er sagte sich, wenn er sich nun einmal die Mühe gemacht hätte, zur Hütte hinaufzuklettern, müßte er seinen Auftrag auch ausrichten.

»Was ist dir denn?« sagte er in barschem Ton zu Helga. »Warum gehst du nicht ins Haus?« – »Ach, ich getraue mich nicht«, antwortete Helga, und ihre Zähne schlugen aufeinander. »Ich getraue mich nicht.«

»Wovor hast du denn Angst? Du hast dich doch heute morgen gegen Gerichtsdiener und Richter tapfer gehalten. Da kannst du wohl nicht vor deinen leiblichen Eltern Angst haben.« – »O ja, o ja, die sind viel schlimmer als alle anderen.« – »Warum sollten sie denn gerade heute so böse sein?« – »Ich bekomme ja kein Geld.« – »Na, du bist doch ein so tüchtiges Mädel, daß du für dich und dein Kind das Brot verdienen kannst.« – »Ja, aber mich will doch niemand nehmen.«

Plötzlich fiel es Helga ein, daß die Eltern ihre Stimmen hören und herauskommen und fragen könnten, wer da spräche. Und dann wäre sie gezwungen, ihnen alles zu erzählen. Dann könnte sie sich nicht in das Moor retten. Und in ihrem Schrecken sprang sie auf und wollte an Gudmund vorbeieilen. Aber er kam ihr zuvor. Er packte sie am Arm und hielt sie fest. – »Nein! Du kommst nicht davon, bis ich nicht mit dir gesprochen habe.« – »Laß mich gehen«, rief sie und blickte ihn wild an. – »Du siehst aus, als wenn du ins Wasser gehen wolltest«, sagte er; denn jetzt stand sie draußen im Mondschein, und er konnte ihr Gesicht sehen. – »Ja, das würde wohl auch niemand etwas angehen, wenn ich das täte«, sagte Helga und warf dabei den Kopf zurück und sah ihm gerade in die Augen. »Heute morgen wolltest du mich nicht einmal hinten auf deinem Wagen mitfahren lassen. Niemand will etwas mit mir zu tun haben. Da mußt du doch selbst einsehen, daß es für solch ein armes Wurm wie mich am besten ist, wenn ich ein Ende mache.«

Gudmund wußte nicht, was er beginnen sollte. Er wünschte sich weit weg, aber er fühlte auch, daß er einen Menschen in solcher Verzweiflung nicht verlassen konnte. »Hör mich jetzt an! Versprich nur, daß du anhörst, was ich dir zu sagen habe. Dann kannst du gehen, wohin du willst.« – Ja, das versprach sie. – »Kann man hier nirgends sitzen?« – »Drüben steht doch der Hackblock.« – »Also geh hin und setze dich und sei still!« Sie ging ganz gehorsam hin und setzte sich. – »Weine jetzt nicht mehr!« sagte er; denn es war ihm, als finge er an, Macht über sie zu gewinnen. Aber das hätte er nicht sagen sollen, denn sie ließ sogleich den Kopf in die Hände sinken und weinte heftiger denn je.

»Weine nicht!« sagte er und war nahe daran, mit dem Fuß aufzustampfen. »Es gibt genug Leute, denen es schlechter geht als dir.« – »Nein, keinem kann es schlechter gehen.« – »Du bist jung und gesund, du solltest nur wissen, wie es meiner Mutter geht. Sie ist von Schmerzen so geplagt, daß sie sich nicht rühren kann, aber sie klagt nie.« – »Sie ist nicht so verlassen von allen wie ich.« – »Du bist auch nicht verlassen. Ich habe mit Mutter über dich gesprochen, und Mutter hat mich zu dir geschickt.« Das Schluchzen hörte auf. Man vernahm gleichsam das große Schweigen des Waldes, als ob der den Atem anhielte und auf etwas Wunderbares warte. »Ich soll dir bestellen, daß du morgen zu Mutter kommst, damit sie dich sieht. Mutter gedenkt dich zu fragen, ob du zu uns in Dienst gehen willst.« – »Das will sie mich fragen?« – »Ja, aber zuerst will sie dich sehen.«

– »Weiß sie, daß . . ?« – »Sie weiß ebensoviel von dir wie alle anderen.«

Mit einem Schrei des Staunens und der Freude sprang das Mädchen auf, und im nächsten Augenblick fühlte Gudmund zwei Arme um seinen Hals. Er erschrak förmlich, und sein erster Gedanke war, sich loszureißen, aber dann faßte er sich und blieb stehen. Er begriff, daß das Mädchen so außer sich vor Freude war, daß sie nicht wußte, was sie tat; in diesem Augenblick hätte sie sich dem ärgsten Schurken an den Hals werfen können, nur um in dem großen Glück, das über sie gekommen war, ein klein wenig Mitgefühl zu finden.

»Wenn sie mich bei sich aufnehmen will, dann kann ich ja am Leben bleiben!« sagte sie und legte den Kopf an Gudmunds Brust und weinte wieder, aber nicht so heftig wie zuvor. »Ich kann dir jetzt sagen, daß es mir damit Ernst war, ins Moor zu gehen«, sagte sie. »Ich danke dir, daß du gekommen bist! Du hast mir das Leben gerettet.« Gudmund hatte bisher unbeweglich dagestanden, jetzt aber fühlte er, wie sich etwas warm und zärtlich in ihm zu regen begann. Er hob die Hand und strich ihr übers Haar. Da zuckte sie zusammen, als hätte er sie aus einem Traum geweckt, und stellte sich kerzengerade vor ihn hin. »Ich danke dir, daß du gekommen bist!« sagte sie noch einmal. Sie war flammend rot im Gesicht geworden, und er errötete auch.

»Ja, so kommst du also morgen zu uns«, sagte er und streckte die Hand aus, um ihr Lebewohl zu sagen. – »Ich werde nie vergessen, daß du heute abend zu mir gekommen bist«, sagte Helga, und die große Dankbarkeit bekam die Oberhand über ihre Befangenheit. – »Ach ja, es ist vielleicht ganz gut, daß ich da war«, sagte er ruhig, fühlte sich aber doch recht zufrieden mit sich selbst. »Jetzt gehst du doch ins Haus?« sagte er. – »Ja, jetzt werde ich wohl hineingehen.«

Gudmund hatte plötzlich eine solche Freude an Helga, wie man sie an einem hat, dem man hat helfen können. Er stand da und zauderte und wollte nicht gehen. »Ich möchte dich gern unter Dach und Fach sehen, bevor ich gehe.« – »Ich dachte, sie sollten sich lieber erst niederlegen, bevor ich hineingehe.« – »Nein, du mußt gleich gehen, damit du etwas zu essen kriegst und unter Dach kommst«, sagte er und fand es recht vergnüglich, so für sie zu sorgen. Sie ging sogleich auf die Hütte zu, und er kam mit, ganz zufrieden und stolz, daß sie ihm gehorchte. Als sie auf der Schwelle stand, sagten sie sich noch einmal Lebewohl. Aber kaum hatte er ein paar Schritte gemacht, als sie ihm nachkam. »Bleib hier draußen stehen, bis ich drinnen bin! Es geht leichter, wenn ich weiß, daß du draußen bist!« – »Ja,« sagte er, »ich werde hier bleiben, bis du das Ärgste überstanden hast.«

Nun öffnete Helga die Hüttentür, und Gudmund merkte, daß sie sie leicht angelehnt ließ. Gleichsam, damit sie sich nicht allzu abgetrennt von dem Helfer fühle, der dort draußen stand. Er machte sich auch kein Gewissen daraus, alles zu hören und zu sehen, was drinnen in der Hütte geschah. Die Alten nickten Helga, als sie eintrat, freundlich zu. Die Mutter legte sogleich das Kind in die Wiege, ging dann zum Schrank und holte einen Laib Brot und eine Schale Milch und stellte sie auf den Tisch.

»Bist du da? Setz dich jetzt und iß!« sagte sie. Dann ging sie zum Herd und legte ein Stück Holz nach. »Ich habe das Feuer nicht ausgehen lassen, damit du dir die Kleider trocknen und dich erwärmen kannst, wenn du kommst. Aber iß jetzt zuerst! Das hast du wohl am nötigsten.«

Helga war die ganze Zeit an der Tür stehengeblieben. »Ihr sollt mich nicht so gut aufnehmen, Mutter«, sagte sie mit leiser Stimme. »Ich bekomme kein Geld von Per. Ich habe auf die Unterstützung verzichtet.«

»Es ist heute abend schon jemand dagewesen, der bei dem Thing war und gehört hat, wie es dir ergangen ist«, sagte die Mutter. »Wir wissen alles.«

Helga blieb an der Tür stehen und tat, als wüßte sie weder aus noch ein.

Da legte der Vater die Arbeit nieder, schob die Brille auf die Stirn und räusperte sich, um eine Rede zu halten, die er den ganzen Abend überdacht hatte. »Es ist nämlich so, Helga,« sagte er, »Mutter und ich, wir wollten immer anständige und ehrliche Leute sein. Aber dann ist es uns vorgekommen, als ob du Unehre über uns gebracht hättest. Es war so, als hätten wir dich nicht gelehrt, zwischen Gut und Böse zu unterscheiden. Aber als wir nun hörten, was du heute getan hast, da sagten wir uns, Mutter und ich, daß die Leute jetzt doch sehen können, daß du eine ordentliche Erziehung genossen hast, und wir denken, daß wir vielleicht auch noch Freude an dir erleben können. Und Mutter wollte nicht, daß wir uns niederlegen, ehe du da bist, damit du doch eine ordentliche Heimkehr hast.«

3

Helga vom Moorhof kam jetzt nach Närlunda, und da ging alles gut. Sie war willig und anstellig und dankbar für jedes freundliche Wort, das man ihr sagte. Sie fühlte sich immer als die Geringste und wollte sich nie vordrängen. Es dauerte nicht lange, so hatten Herrschaft und Gesinde sie liebgewonnen.

In den ersten Tagen sah es aus, als fürchte sich Gudmund, mit Helga zu sprechen. Er hatte Angst, daß das Mädchen sich etwas einbilde, weil er ihr zu Hilfe gekommen war. Aber dies war eine unnötige Sorge. Helga hielt ihn für viel zu herrlich und hoch, als daß sie gewagt hätte, ihre Blicke zu ihm zu erheben. Und Gudmund merkte auch bald, daß er sie nicht fernzuhalten brauchte. Sie war vor ihm scheuer als vor irgend jemand sonst.

In demselben Herbst, da Helga nach Närlunda kam, machte Gudmund viele Besuche bei der Familie des Amtmanns auf Älvåkra, und es wurde viel darüber gesprochen, daß er alle Aussicht hätte, dort im Hause Schwiegersohn zu werden. Volle Gewißheit, daß seine Werbung Erfolg hatte, erhielten die Leute jedoch erst zu Weihnachten. Da kam der Amtmann mit Frau und Tochter nach Närlunda, und es war ganz klar, daß sie nur dorthin gefahren waren, um zu sehen, wie es Hildur gehen würde, wenn sie sich mit Gudmund verheiratete.

Das war das erste Mal, daß Helga das Mädchen, das Gudmund heimführen wollte, aus der Nähe sah. Hildur Erikstochter war noch nicht zwanzig Jahre alt, aber das Merkwürdigste an ihr war, daß niemand sie ansehen konnte, ohne zu denken, welche stattliche und prächtige Hausmutter einmal aus ihr werden würde. Sie war hoch gewachsen, stark gebaut, blond und schön und sah aus, als wenn sie gern für viele um sich zu sorgen hätte. Sie war nie scheu oder verschüchtert, sondern sprach viel und schien alles besser zu wissen als der, mit dem sie sprach. Sie war ein paar Jahre in der Stadt zur Schule gegangen und trug die schönsten Kleider, die Helga je gesehen hatte, aber sie machte keinen eiteln oder prunkliebenden Eindruck. Reich und schön, wie sie war, hätte sie wohl jeden Tag einen Mann von Stand heiraten können, aber sie sagte immer, sie wolle keine feine Dame werden und mit den Händen im Schoß dasitzen. Sie wollte einen Bauer heiraten und ihr Haus selbst versehen wie eine richtige Bäuerin.

Hildur erschien Helga als ein wahres Wunder. Nie hatte sie jemand gesehen, der so prächtig aufgetreten wäre. Sie hätte nicht geglaubt, daß ein Mensch in allen Stücken so vollkommen sein könnte. Und es deuchte sie ein großes Glück, in Zukunft einer solchen Frau zu dienen.

Bei dem Besuch der Amtmannsfamilie war alles gut abgelaufen; aber wenn Helga an den Tag zurückdachte, empfand sie eine gewisse Unruhe. Als die Fremden gekommen waren, war sie herumgegangen und hatte den Kaffee gereicht. Wie sie nun mit den Kannen hereinkam, hatte die Frau des Amtmanns sich zu ihrer Herrin vorgebeugt und sie gefragt, ob das nicht das Mädchen vom Moorhof sei. Sie hatte die Stimme nicht sehr gesenkt, so daß Helga die Frage deutlich hörte. Mutter Ingeborg hatte ja gesagt, und da hatte die andere etwas geantwortet, was Helga nicht hören konnte. Aber es war so etwas gewesen, als ob sie es wunderlich fände, daß sie eine solche Person im Hause dulde. Dies bereitete Helga sehr viel Kummer, aber sie suchte sich damit zu trösten, daß es die Mutter und nicht Hildur war, die diese Worte gesprochen hatte.

An einem Sonntag im Vorfrühling fügte es sich, daß Helga und Gudmund zusammen aus der Kirche kamen. Als sie über den Kirchenhügel wanderten, waren sie inmitten einer großen Schar von anderen Kirchenbesuchern gegangen; aber bald bog einer nach dem anderen ab, und schließlich waren Helga und Gudmund allein.

Da fiel es Gudmund ein, daß er seit jenem Abend auf dem Moorhof nicht mehr mit Helga allein gewesen war, und die Erinnerung daran kam nun in voller Stärke wieder. Recht oft während des Winters hatte er an die erste Begegnung mit ihr gedacht und dabei immer gefühlt, wie etwas Süßes und Wohliges seinen Sinn durchbebte. Wenn er allein bei der Arbeit war, pflegte er sich die ganze schöne Nacht wieder zurückzurufen: den weißen Nebel, den hellen Mondschein, die schwarze Waldeshöhe, das lichte Tal und dann das Mädchen, das die Arme um seinen Hals geschlungen und vor Freude geweint hatte. Je öfter er sich den Vorfall zurückrief, desto schöner wurde er. Aber wenn Gudmund Helga daheim unter den anderen in Arbeit und Plage umhergehen sah, dann konnte er sich nur schwer vorstellen, daß sie mit dabei gewesen war. Jetzt aber, wo er allein mit ihr den Kirchenweg entlangging, konnte er es nicht lassen, sich zu wünschen, daß sie für ein Weilchen dieselbe wäre wie an jenem Abend.

Helga begann sogleich von Hildur zu sprechen. Sie rühmte

sie sehr, sagte, daß sie das schönste und klügste Mädchen in der ganzen Umgegend sei, und beglückwünschte Gudmund dazu, daß er eine so ausgezeichnete Frau bekäme. »Du mußt ihr sagen, daß sie mich immer auf Närlunda bleiben läßt«, sagte sie. »Es wird so schön sein, unter einer solchen Frau zu dienen.«

Gudmund lächelte über ihren Eifer, gab ihr jedoch nur einsilbige Antworten, als wären seine Gedanken nicht recht dabei. Aber es war ja recht, daß ihr Hildur so gut gefiel und daß sie sich über seine Heirat so freute.

»Du bist diesen Winter doch gern bei uns gewesen?« fragte er. – »Ja, gewiß. Ich kann gar nicht sagen, wie gut Mutter Ingeborg und ihr alle gegen mich wart.« – »Hast du dich nach dem Walde gesehnt?« – »Ach ja, anfangs wohl, aber jetzt nicht mehr.« – »Ich glaubte, wer im Wald daheim ist, kann es nicht lassen, sich hinzusehnen.«

Helga wandte sich halb um und sah ihn an, der auf der anderen Seite des Weges ging. Gudmund war ihr in letzter Zeit ganz fremd geworden, aber jetzt lag etwas in seiner Stimme und seinem Lächeln, das sie wiedererkannte. Ja, er war doch derselbe, der in ihrer höchsten Not gekommen war und sie gerettet hatte. Obgleich er sich mit einer anderen verheiraten wollte, war sie dessen gewiß, daß er ihr ein guter Freund und getreuer Helfer bleiben würde.

Es wurde ihr so leicht ums Herz; sie fühlte, daß sie Vertrauen zu ihm haben könnte wie zu niemand anderem, und es war ihr, als müßte sie ihm alles erzählen, was ihr geschehen war, seit sie zuletzt miteinander gesprochen hatten. »Ich will dir sagen, daß ich in den ersten Wochen auf Närlunda eine recht schwere Zeit hatte«, begann sie. »Aber du darfst es Mutter Ingeborg nicht wiedererzählen.« – »Wenn du willst, daß ich schweigen soll, so schweige ich.« – »Denk dir nur, daß ich anfangs so furchtbares Heimweh hatte! Ich war drauf und dran, wieder in den Wald zurückzulaufen.« – »Du hattest Heimweh? Ich glaubte, du wärst froh, bei uns zu sein.« – »Ich konnte nichts dafür«, sagte sie entschuldigend. »Ich sah wohl ein, welches Glück es für mich war, hier sein zu dürfen. Ihr wart alle so freundlich gegen mich, und die Arbeit war nicht zu schwer; aber ich sehnte mich doch. Irgend etwas zog und lockte und wollte mich in den Wald zurückführen. Es war mir, als verriete ich einen, der ein Recht auf mich hatte, wenn ich unten im Tale blieb.«

»Das war vielleicht . . .«, begann Gudmund, aber er hielt mitten im Satz inne. – »Nein, es war nicht der Kleine, nach dem ich mich sehnte. Ich wußte ja, daß es ihm gut ging und daß Mutter freundlich zu ihm war. Es war nichts Bestimmtes. Ich hatte das Gefühl, als wäre ich ein wilder Vogel, den man in einen Käfig gesperrt hat, und ich glaubte, ich müßte sterben, wenn man mich nicht losließe.«

»Nein, daß es dir so schlecht ging!« sagte Gudmund, und dabei lächelte er; denn jetzt kam es ihm mit einem Male vor, als ob er sie erst wiedererkennte. Jetzt war es, als läge nichts zwischen ihnen, sondern als hätten sie sich erst am vorigen Abend oben auf dem Moorhof voneinander getrennt. Helga lächelte wieder, sie fuhr jedoch fort, von ihrer Qual zu sprechen. »Keine Nacht schlief ich«, sagte sie; »kaum hatte ich mich niedergelegt, so begannen die Tränen zu fließen, und wenn ich am Morgen aufstand, war das Kopfkissen ganz naß. Am Tag, wenn ich unter euch anderen umherging, konnte ich das Weinen unterdrücken; aber sowie ich allein war, schossen mir die Tränen in die Augen.« – »Du hast schon viel geweint in deinem Leben«, sagte Gudmund, aber er sah gar nicht mitleidig aus, als er diese Bemerkung machte. Helga war es, als ob er die ganze Zeit mit einem unterdrückten Lachen einherginge. – »Du kannst dir gar nicht denken, wie schlecht es mir ging«, sagte sie und sprach immer lebhafter, in dem Bestreben, sich ihm verständlich zu machen. »Es kam eine Sehnsucht über mich, die mich von mir selbst forttrug. Keinen Augenblick konnte ich mich glücklich fühlen. Nichts war schön, nichts war vergnüglich, keinen Menschen konnte ich liebgewinnen. Ihr wart mir alle ebenso fremd wie an dem Tag, als ich zum ersten Male in die Stube trat.«

»Aber,« verwunderte sich Gudmund, »sagtest du nicht eben, daß du bei uns bleiben willst?« – »Ja, gewiß sagte ich das.« – »Du sehnst dich also jetzt nicht mehr?« – »Nein, es ist vorübergegangen. Ich bin geheilt. Warte nur, du wirst schon hören!« Als sie dies sagte, kreuzte Gudmund quer über den Weg und ging an ihrer Seite weiter. Die ganze Zeit lächelte er. Es schien ihm Freude zu machen, sie reden zu hören; aber er legte dem, was sie erzählte, wohl nicht viel Gewicht bei. So allmählich kam Helga in dieselbe Stimmung. Es schien ihr, als ob alles leicht und hell würde. Der Weg von der Kirche war lang und beschwerlich zu gehen; aber an diesem Tage wurde sie nicht müde. Irgend etwas schien sie zu tragen. Sie fuhr fort zu erzählen, weil sie einmal begonnen hatte; aber es war nicht mehr so wichtig für sie, sich auszusprechen. Sie hätte ebenso vergnügt sein können, wenn sie stumm neben ihm einhergegangen wäre. »Als ich am allerunglücklichsten war, bat ich Mutter Ingeborg eines Samstagabends, mir zu erlauben, nach Hause zu gehen und über den Sonntag daheim zu bleiben. Und als ich an diesem Abend die Hügel zum Moor hinaufwanderte, glaubte ich felsenfest, daß ich nie mehr nach Närlunda zurückkommen würde. Aber daheim waren Vater und Mutter so froh, daß ich eine Stelle in einem so angesehenen Hause hatte, daß ich es nicht übers Herz brachte, ihnen zu sagen, ich hielte es nicht aus, bei euch zu bleiben. Sobald ich in den Wald hinaufkam, war auch alle Angst und Qual rein verschwunden. Und es schien mir, als ob das Ganze nur eine Einbildung gewesen wäre. Und dann war es so schwer mit dem Kind. Mutter hatte sich seiner angenommen und es zu dem ihren gemacht. Es gehörte mir nicht mehr. Und es war so gut, daß es so war; aber es fiel mir doch schwer, mich daran zu gewöhnen.«

»Vielleicht fingst du nun gar an, dich zu uns hinunter zu sehnen?« warf Gudmund hin. – »Ach nein. Als ich am Montagmorgen erwachte und daran dachte, daß ich jetzt gehen müßte, kam die Sehnsucht wieder über mich. Ich lag da und weinte und ängstigte mich, denn das einzig Rechte und Richtige war doch, daß ich im Dienste blieb; aber ich hatte das Gefühl, als müßte ich krank werden oder den Verstand verlieren, wenn ich zurückkehrte. Aber da fiel mir plötzlich ein, was ich einmal gehört hatte: Wenn man ein wenig Asche aus dem Herd in seinem Hause nimmt und sie dann auf den Herd im fremden Hause streut, dann wird man von seiner Sehnsucht befreit.« – »Na, das ist ein Heilmittel, das leicht anzuwenden ist«,

sagte Gudmund. – »Ja, wenn es damit nur nicht die Be-
wandtnis hätte, daß man sich nachher nirgendwo anders
heimisch fühlen kann. Geht man von dem Hause weg, in
das man die Asche getragen hat, dann sehnt man sich
ebensosehr dorthin zurück, wie man sich früher von dort
weggesehnt hat.« – »Kann man die Asche nicht wieder
dorthin mitnehmen, wohin man geht?« – »Nein, das kann
man nur einmal im Leben tun. Dann gibt es keine Umkehr. Und darum ist es ja sehr gefährlich, so etwas zu versuchen.«

»Ich hätte nie so etwas gewagt«, sagte Gudmund, und sie
hörte sehr wohl, daß er sie nur neckte. – »Ich hab es doch
gewagt«, sagte Helga. »Es war besser, als vor Mutter Ingeborg und dir, die mir helfen wollten, als undankbar dazustehen. Ich nahm ein klein wenig Asche von daheim mit,
und als ich nach Närlunda zurückkam, benutzte ich einen
Augenblick, da niemand in der Stube war, und streute sie
auf die Herdplatte.«

»Und jetzt glaubst du, daß die Asche dir geholfen hat?« –
»Warte, du wirst schon hören, wie es kam! Ich ging sogleich an meine Arbeit und dachte den ganzen Tag nicht
mehr an die Asche. Ich sehnte mich ebenso heftig wie
früher, und alles war mir ebenso zuwider wie immer. Es
war an diesem Tage sehr viel drinnen und draußen zu tun;
und als ich am Abend im Stalle fertig war und ins Haus
ging, war auf dem Herd schon das Feuer angezündet.«

»Jetzt bin ich aber wirklich begierig, zu hören, wie es kam«,
sagte Gudmund. – »Ja, denke nur, schon als ich über den
Hof ging, kam es mir vor, als ob im Feuerschein etwas
Wohlbekanntes wäre, und als ich die Tür öffnete, da hatte

ich das Gefühl, daß ich in unsere eigene Stube kam und daß Vater und Mutter am Feuer saßen. Ja, dies flog nur an mir vorbei wie ein Traum. Aber als ich wirklich hineinkam, da war ich ganz erstaunt, wie schön und traulich es in der Stube war. Nie hatten Mutter Ingeborg und ihr anderen so freundlich ausgesehen wie an diesem Abend, als ihr da im Feuerschein saßet. Es war ein köstliches Gefühl, hereinzukommen, und das war sonst nie so gewesen. Ich war so erstaunt, daß ich fast laut aufgeschrieen und in die Hände geklatscht hätte. Es schien mir, als ob ihr wie verwandelt wäret. Ihr wart mir nicht mehr fremd, sondern ich konnte mit euch über alles reden. Du kannst dir denken, daß ich mich freute; aber dabei mußte ich mich doch immer wieder wundern. Ich fragte mich, ob ich denn verhext wäre, und sich, da fiel mir plötzlich die Asche ein, die ich auf die Herdplatte gestreut hatte.«

»Ja, das ist seltsam«, sagte Gudmund. Er glaubte nicht im geringsten an Zauber und Hexerei; aber es mißfiel ihm nicht, Helga von solchen Dingen sprechen zu hören. ›Jetzt ist doch die tolle Walddirne wieder zum Vorschein gekommen‹, dachte er. ›Kann man begreifen, daß jemand, der so viel durchgemacht hat wie sie, noch so kindlich ist?‹

»Ja, gewiß war es seltsam«, sagte Helga. »Und dasselbe hat sich den ganzen Winter hindurch wiederholt. Sowie das Feuer im Herd brannte, war es mir ebenso behaglich, als wenn ich daheim gewesen wäre. Aber es ist auch etwas Seltsames mit dem Feuer. Nicht mit anderem Feuer vielleicht, aber mit Feuer, das auf einem Herde brennt und um das sich alle Hausgenossen Abend für Abend versammeln. Das wird, möchte man sagen, so vertraut mit einem. Es spielt und tanzt vor einem und prasselt, und manchmal ist es mürrisch und schlechter Laune. Es ist, als läge es in seiner Macht, Traulichkeit oder Unbehagen zu verbreiten. Und nun war es mir, als wäre das Feuer von daheim zu mir gekommen und als gäbe es allem hier denselben traulichen Schein wie daheim.«

»Aber wenn du nun gezwungen wärest, aus Närlunda fortzugehen?« sagte Gudmund. – »Dann muß ich mich all mein Lebtag danach sehnen«, erwiderte sie, und man hörte an ihrer Stimme, daß sie dies im tiefsten Ernst sagte.

»Ja, ich werde gewiß nicht der sein, der dich vertreibt«, sagte Gudmund; und obgleich er lachte, lag etwas Warmes in seinem Ton. – Sie begannen dann kein neues Gespräch, sondern wanderten stumm bis zum Bauernhofe. Gudmund wendete zuweilen den Kopf und sah sie an, die neben ihm ging. Sie schien sich von der schweren Zeit, die sie im vorigen Jahr durchgemacht hatte, erholt zu haben. Jetzt hatte sie etwas Frisches und Rosiges. Die Züge waren klein und rein, das Haar umgab den Kopf wie ein Heiligenschein, und aus den Augen konnte man nicht recht klug werden. Sie ging flink und leicht. Wenn sie sprach, kamen die Worte rasch hervor, aber dennoch scheu. Sie hatte immer Angst, verlacht zu werden, doch mußte sie heraussagen, was sie auf dem Herzen hatte.

Gudmund fragte sich, ob er sich wünsche, daß Hildur so wäre; aber das wollte er doch nicht. Diese Helga war nichts zum Heiraten. –

Ein paar Wochen später erfuhr Helga, daß sie im April von Närlunda fort müsse, weil Hildur Erikstochter nicht mit ihr unter einem Dache hausen wollte.

Ihre Herrschaft sagte ihr das nicht geradeheraus. Aber Mutter Ingeborg begann davon zu sprechen, sie würden an ihrer neuen Schwiegertochter so viel Hilfe haben, daß sie sich nicht so viele Dienstleute zu halten brauchten. Ein andermal sagte sie wieder, sie habe von einer guten Stelle gehört, wo es Helga viel besser gehen würde als bei ihnen. Helga brauchte nicht mehr zu hören; sie verstand, daß sie fort müsse, und erklärte sogleich, daß sie gehen wolle; aber eine andere Stelle wolle sie nicht annehmen, sondern sie kehre nach Hause zurück.

Man merkte wohl, daß sie auf Närlunda Helga nicht aus freiem Willen kündigten.

Am Abschiedstage war so viel Essen aufgetischt, daß es ein förmlicher Schmaus war, und Mutter Ingeborg steckte ihr eine solche Menge Kleider und Schuhe zu, daß sie, die nur mit einem Bündel unter dem Arm gekommen war, ihre Besitztümer jetzt kaum in einer Kiste unterbringen konnte. »Ich bekomme nie wieder eine so gute Magd wie dich in mein Haus«, sagte Mutter Ingeborg. »Und denke nun nicht zu schlecht von mir, weil ich dich ziehen lasse! Du weißt wohl, daß es nicht mit meinem Willen geschieht. Ich werde dich nicht vergessen. Solange ich noch Macht habe, wirst du keine Not leiden müssen.« Sie machte mit Helga ab, daß sie ihr Laken und Handtücher weben solle. Und sie gab ihr Arbeit für mindestens ein halbes Jahr.

Am Abschiedstage stand Gudmund im Schuppen und hackte Holz. Er kam nicht herein, ihr Lebewohl zu sagen, obgleich das Pferd schon vor der Tür stand. Er schien so vertieft zu sein in seine Arbeit, daß er gar nicht merkte, was vorging. Sie mußte hinausgehen, um ihm Lebewohl zu sagen.

Er legte die Axt hin, gab Helga die Hand, sagte etwas hastig: »Ich danke dir für all die Zeit!« und begann dann wieder zu arbeiten. Helga hatte sagen wollen, sie sähe ein, daß es unmöglich für ihn sei, sie zu behalten, und daß alles ihre eigene Schuld sei. Sie selbst hätte es so für sich eingerichtet. Aber Gudmund schlug zu, daß die Späne rings um ihn flogen, und da konnte sie sich nicht entschließen, etwas zu sagen.

Aber das Merkwürdigste an der ganzen Sache war, daß der Bauer selbst, der alte Erland Erlandsson, Helga zum Moorhof hinauffuhr. Gudmunds Vater war ein kleines, trockenes Männchen mit kahlem Scheitel und schönen, klugen Augen. Er war so verschlossen und schweigsam, daß er zuweilen den ganzen Tag kein Wort sprach. Solange alles ging, wie es gehen sollte, bemerkte man ihn gar nicht. Aber wenn etwas nicht klappte, dann kam er immer und sagte und tat, was gesagt und getan werden mußte, um alles wieder in Ordnung zu bringen. Er war sehr geschickt im Rechnungführen und genoß unter den Männern des Kirchspiels großes Vertrauen. Er bekam auch alle möglichen kommunalen Aufträge und war angesehener als so mancher, der einen schönen Hof und großen Reichtum besaß.

Erland Erlandsson also fuhr Helga auf dem schlechten Wege heim und ließ nicht zu, daß sie bei irgendeiner steilen Stelle ausstieg. Als sie auf dem Moorhof angelangt waren, saß er lange in der Hütte und sprach mit Helgas Eltern und erzählte ihnen, wie zufrieden er und Mutter Ingeborg mit ihr gewesen waren. Nur weil sie jetzt nicht mehr so viele Dienstleute brauchten, müßten sie sie nach Hause

schicken. Sie hätte gehen müssen, weil sie die Jüngste
wäre. Sie hätten es unrecht gefunden, jemand fortzuschik-
ken, der schon lange bei ihnen diente.

Erland Erlandssons Rede machte einen guten Eindruck,
und die Eltern bereiteten Helga einen freundlichen Emp-
fang. Als sie dazu noch hörten, sie hätte so große Bestel-
lungen erhalten, daß sie sich mit ihrer Weberei das Brot
verdienen könne, waren sie es recht zufrieden, daß sie nun
daheim blieb.

4

Gudmund kam es vor, als ob er Hildur Erikstochter bis zu
dem Tage geliebt hätte, an dem sie ihm das Versprechen
abgezwungen, daß Helga aus Närlunda fort sollte. Wenig-
stens hatte es bis dahin niemand gegeben, den er mehr be-
wundert und geachtet hätte. Kein junges Mädchen schien
ihm Hildur an die Seite gestellt werden zu können, und er
war sehr stolz darauf gewesen, daß er sie gewonnen hatte.
Es war ihm auch ein lieber Gedanke, sich die Zukunft mit
ihr zusammen vorzustellen. Sie würden reich und ange-
sehen sein, und er hatte das sichere Gefühl, daß es sich in
dem Heim, wo Hildur das Regiment führte, gut leben
lassen müßte. Er dachte auch gern daran, daß er viel Geld
haben würde, wenn er mit ihr verheiratet wäre. Er könnte
seine Wirtschaft verbessern, könnte alle verfallenen Hütten
wieder aufbauen und den Hof erweitern, so daß er ein
richtiger Großbauer würde. An demselben Sonntag, da er
mit Helga von der Kirche heimging, war er abends nach

Älvåkra gefahren. Da hatte Hildur angefangen, von Helga zu sprechen, und hatte gesagt, daß sie nicht nach Närlunda kommen wolle, ehe die Dirne von dort fort sei. Gudmund versuchte zuerst, das Ganze als einen Scherz fortzulachen. Aber es zeigte sich bald, daß es Hildur Ernst war. Gudmund führte Helgas Sache sehr beredt; er sagte, sie sei noch so jung gewesen, als sie in den Dienst geschickt wurde, da sei es nicht zu verwundern, daß sie ins Unglück gekommen wäre, als sie an einen so schlechten Menschen geraten war wie Per Martensson. Aber seit seine Mutter sich ihrer angenommen, hätte sie sich immer gut betragen. »Es kann nicht recht sein, sie wieder hinauszustoßen«, sagte er. »Da könnte sie ja wieder ins Elend kommen.«

Aber Hildur hatte nicht nachgeben wollen. »Wenn das Mädchen auf Närlunda bleibt, so komme ich nie hin«, sagte sie. »Ich kann eine solche Person in meinem Hause nicht dulden.« – »Du weißt nicht, was du tust«, sagte Gudmund. »Niemand hat Mutter noch so gut gepflegt wie Helga. Wir sind alle froh, daß sie zu uns gekommen ist; früher war Mutter oft verdrießlich und schlechter Laune.« – »Ich zwinge dich ja nicht, sie fortzuschicken«, sagte Hildur, aber man merkte, sie war, wenn Gudmund ihr in dieser Sache nicht den Willen täte, entschlossen, die Heirat aufzugeben. – »Nein, es soll so sein, wie du willst«, sagte Gudmund schließlich. Er fand, daß er Helgas wegen doch nicht seine ganze Zukunft aufs Spiel setzen könnte. Aber er sah sehr blaß aus, als er so nachgab, und war den ganzen Abend schweigsam und verstimmt.

Diese Sache nun ließ Gudmund befürchten, daß Hildur

vielleicht nicht ganz so sei, wie er sie sich vorgestellt hatte. Es gefiel ihm nicht, daß sie ihren Willen über den seinen gesetzt hatte; aber das Schlimmste war, er konnte sich nicht verhehlen, daß sie im Unrecht war. Er sagte sich, daß er ihr gern nachgegeben hätte, wenn sie sich großherzig gezeigt haben würde; aber nun schien es ihm, daß sie nur kleinlich und herzlos gewesen wäre.

Jedesmal von da an, wenn Gudmund Hildur traf, saß er und suchte und spähte, ob das, was er in ihr zu finden geglaubt hatte, sich wieder zeigen würde. Weil sein Mißtrauen einmal geweckt war, dauerte es nicht lange, und er fand manches, was nicht so war, wie er es sich gewünscht hätte. »Sie ist wohl so eine, die zuallererst an sich selbst denkt«, murmelte er jedesmal, wenn er sich von ihr trennte, und er fragte sich, wie lange wohl ihre Liebe zu ihm standhalten würde, wenn man sie auf die Probe stellte. Er suchte sich damit zu trösten, daß alle Menschen zuerst an sich selbst dächten; aber sogleich fiel ihm Helga ein. Er sah sie vor sich, wie sie im Thingsaal gestanden und die Bibel an sich gerissen hatte; er hörte, wie sie rief: »Ich will die Klage zurückziehen. Ich hab ihn noch lieb. Ich will nicht, daß er falsch schwört.« So hätte er sich Hildur gewünscht. Helga war ihm ein Maß geworden, nach dem er die Menschen beurteilte, – wahrlich, es gab nicht viele, die ein so liebevolles Herz hatten.

Von Tag zu Tag gefiel ihm Hildur weniger; aber er kam nie auf den Gedanken, daß er von der Heirat abstehen könnte. Er suchte sich einzureden, daß sein Mißmut nichts anderes sei als leere Grillen. Vor einigen Wochen erst hatte er sie ja für die Beste gehalten, die es gäbe.

Wäre er noch am Anfang seiner Werbung gewesen, dann hätte er sich vielleicht zurückgezogen. Aber jetzt waren sie schon aufgeboten, der Hochzeitstag war bestimmt, und bei ihm daheim hatten sie bereits große Ausbesserungen angefangen. Er wollte auch den Reichtum und die gute Stellung, die ihn erwarteten, nicht preisgeben. Und welchen Grund hätte er für einen Bruch anzuführen vermocht? Was er gegen Hildur einzuwenden hatte, war so unbedeutend, daß es sich auf seinen Lippen in Luft verwandeln würde, wenn er versuchen wollte, es auszusprechen.

Aber das Herz war ihm oft schwer, und jedesmal, wenn er im Kirchdorf oder in der Stadt etwas zu besorgen hatte, ließ er sich Bier oder Wein geben, um sich gute Laune anzutrinken. Wenn er ein paar Flaschen geleert hatte, war er wieder stolz auf die Heirat und zufrieden mit Hildur. Dann begriff er gar nicht, was ihn eigentlich quäle.

Gudmund dachte oft an Helga und empfand Sehnsucht, sie zu treffen. Aber er glaubte, daß Helga ihn für einen schlechten Kerl halte, weil er dem Versprechen, das er ihr freiwillig gegeben hatte, untreu geworden war und sie hatte ziehen lassen. Er konnte es ihr weder erklären noch sich rechtfertigen, und darum vermied er es, mit ihr zusammenzutreffen.

Doch eines Morgens, als Gudmund gerade über die Straße ging, begegnete er Helga, die im Tale gewesen war, Milch zu kaufen. Gudmund kehrte um und schloß sich ihr an. Sie schien über seine Gesellschaft nicht gerade erfreut zu sein, sondern schritt rasch aus, als wolle sie von ihm fortkommen, und sagte kein Wort. Auch Gudmund schwieg, weil er nicht recht wußte, wie er ein Gespräch einleiten solle.

Da kam vom anderen Ende der Straße ein Gefährt heran. Gudmund ging in Gedanken versunken und bemerkte es nicht, aber Helga hatte es gesehen und wendete sich nun plötzlich zu ihm. »Es hat keinen Zweck, daß du mit mir weitergehst, Gudmund; denn wenn ich recht sehe, kommen da Amtmanns aus Älvåkra gefahren.« Gudmund sah rasch auf, erkannte Pferd und Wagen und machte eine Bewegung, als ob er umkehren wolle. Im nächsten Augenblick jedoch richtete er sich auf und ging ruhig an Helgas Seite weiter wie zuvor; und sie trennten sich, ohne daß er ihr ein Wort gesagt hatte. Aber an diesem ganzen Tage war er zufriedener mit sich selbst, als er seit langem gewesen war.

5

Es war bestimmt, daß Gudmunds und Hildurs Hochzeit am zweiten Pfingstfeiertag auf Älvåkra gefeiert werden sollte. Am Freitag vor Pfingsten fuhr Gudmund in die Stadt, einige Einkäufe für einen Begrüßungsschmaus zu machen, der am Tage nach der Hochzeit auf Närlunda stattfinden sollte. In der Stadt traf er mit einigen anderen jungen Burschen aus seinem Kirchspiel zusammen. Sie wußten, daß dies Gudmunds letzter Stadtbesuch vor der Hochzeit war, und nahmen dies zum Anlaß, ein großes Trinkgelage zu veranstalten. Alle legten es darauf an, daß Gudmund trinke, und es gelang ihnen schließlich, ihn ganz bewußtlos zu machen.

Am Samstagmorgen kam er so spät nach Hause, daß sein

Vater und der Knecht schon zu ihrer Arbeit gegangen waren, und er schlief bis tief in den Nachmittag. Als er aufstand und sich anziehen wollte, sah er, daß sein Rock an mehreren Stellen zerrissen war. »Das sieht ja aus, als ob ich heute nacht eine Schlägerei gehabt hätte«, sagte er und versuchte sich zu besinnen, was geschehen war, erinnerte sich jedoch nur, daß er gegen elf Uhr in Gesellschaft der anderen aus dem Wirtshaus gegangen war, aber wohin sie sich dann begeben hatten, das konnte er sich nicht zurückrufen. Es war, als versuchte er, in eine große Dunkelheit hineinzustarren. Er wußte nicht, ob sie sich nur auf den Straßen herumgetrieben hatten oder ob sie noch irgendwo eingekehrt waren. Er konnte sich auch nicht erinnern, ob er selbst oder irgendein anderer sein Pferd eingespannt hatte, und er hatte gar keine Erinnerung an die Heimfahrt.

Als er in die Wohnstube trat, war sie der Feiertage wegen gescheuert und gefegt. Alle Arbeit war beendet, und das Hausgesinde trank Kaffee. Niemand sagte etwas über Gudmunds Ausbleiben. Es schien ein stillschweigendes Übereinkommen zu sein, daß er in diesen letzten Wochen die Freiheit haben solle, so zu leben, wie es ihm behagte.

Gudmund setzte sich an den Tisch und bekam seinen Kaffee wie die anderen. Während er so dasaß und den Kaffee aus der Tasse in die Untertasse und dann wieder in die Tasse goß, um ihn abkühlen zu lassen, wurde Mutter Ingeborg mit dem ihren fertig; sie nahm die Zeitung zur Hand, die eben gekommen war, und begann zu lesen. Sie las Spalte für Spalte vor, und Gudmund, der Vater und die anderen saßen da und hörten zu.

Unter anderem las sie einen Bericht vor über eine Schlägerei, die in der vorhergehenden Nacht auf dem großen Marktplatz zwischen einer Schar betrunkener Bauern und einigen Arbeitern stattgefunden hatte. Sobald die Polizei sich zeigte, waren die Streitenden entflohen; nur einer von ihnen hatte leblos auf dem Marktplatz gelegen. Man trug den Gefallenen auf die Polizeiwache, und da man keine äußere Verletzung an ihm entdecken konnte, begann man Belebungsversuche zu machen. Alle Bemühungen waren jedoch vergebens, und schließlich entdeckte man, daß eine Messerklinge in seinem Kopfe stak. Es war die Klinge eines ungewöhnlich großen Taschenmessers, die durch die Hirnschale ins Gehirn eingedrungen und dicht am Kopfe abgebrochen war. Der Mörder war mit dem Messerschaft entflohen, aber da die Polizei die Leute, die an der Schlägerei beteiligt waren, genau kannte, bestand die Hoffnung, man würde ihn bald finden.

Während Mutter Ingeborg dies las, stellte Gudmund die Kaffeetasse hin, fuhr mit der Hand in die Tasche, zog sein Messer hervor und warf einen gleichgültigen Blick darauf. Aber mit einem Male zuckte er zusammen, drehte das Messer um und steckte es dann so hastig in die Tasche, als hätte er sich daran verbrannt. Er rührte den Kaffee nicht mehr an, sondern blieb lange ganz still mit einem nachdenklichen Ausdruck sitzen. Seine Stirn legte sich in tiefe Falten. Es war deutlich zu sehen, daß er mit aller Macht versuchte, sich über etwas klarzuwerden. Endlich stand er auf, streckte sich, gähnte und ging langsam auf die Tür zu. »Ich muß mir ein bißchen Bewegung machen. Ich bin den ganzen Tag nicht aus dem Hause gekommen«, sagte er und verließ das Zimmer.

Ungefähr gleichzeitig erhob sich auch Erland Erlandsson. Er hatte seine Pfeife ausgeraucht und ging nun in die Kammer, sich neuen Tabak zu holen. Als er da drinnen stand und die Pfeife stopfte, sah er Gudmund vorübergehen. Die Fenster der Kammer gingen nicht auf den Hof, wie die der Wohnstube, sondern auf ein kleines Gärtchen, in dem ein paar hohe Apfelbäume standen. Unterhalb des Gärtchens lag ein Stück Sumpfland, wo um die Frühlingszeit große Wasserpfützen waren, die aber im Sommer fast ganz austrockneten. Dahin pflegte selten jemand zu gehen. Erland Erlandsson fragte sich, was Gudmund da wohl zu suchen habe, und folgte ihm mit den Blicken. Da sah er, wie der Sohn die Hand in die Tasche steckte, einen Gegenstand herauszog und ihn in den Morast warf. Dann ging er durch das kleine Gärtchen, sprang über einen Zaun und entfernte sich in der Richtung nach der Straße.

Sowie der Sohn außer Sehweite war, verließ Erland ebenfalls das Haus und begab sich an den Morast. Dort watete er in den Schlamm hinein, beugte sich zu Boden und hob etwas auf, woran er mit dem Fuß gestoßen war. Es war ein großes Taschenmesser, dessen größte Klinge abgebrochen war. Er drehte es nach allen Seiten und besah es genau, während er noch immer im Wasser stand. Dann steckte er es in die Tasche, zog es aber noch ein paarmal heraus und betrachtete es prüfend, ehe er wieder ins Haus zurückging.

Gudmund kam erst heim, als sich alle schon niedergelegt hatten. Er ging sofort zu Bett, ohne das Abendbrot zu berühren, das in der Wohnstube aufgetischt stand.

Erland Erlandsson und sein Weib schliefen in der Kammer.

Um das Morgengrauen glaubte Erland Schritte vor dem Fenster zu hören. Er stand auf, zog die Gardinen zurück und sah, daß Gudmund zum Morast hinunterging. Dort legte er Strümpfe und Schuhe ab, ging ins Wasser hinein und wanderte hin und her, wie einer, der etwas sucht. Das tat er lange, dann ging er wieder an das Ufer, als wollte er seiner Wege gehen, kehrte aber bald um und suchte weiter. Eine ganze Stunde stand der Vater da und sah ihm zu, dann begab sich Gudmund ins Haus und legte sich wieder schlafen.

Am Pfingsttag sollte Gudmund zur Kirche fahren. Als er das Pferd einzuspannen begann, kam der Vater über den Hof. »Du hast vergessen, das Geschirr zu putzen«, sagte er, als er vorbeiging. Denn Geschirr und Wagen waren schmutzig und ungescheuert. – »Ich hab an andere Dinge zu denken gehabt«, sagte Gudmund mürrisch und fuhr davon, ohne etwas dergleichen zu tun.

Nach dem Gottesdienst begleitete Gudmund seine Braut nach Älvåkra und blieb den ganzen Tag dort. Es kam eine Menge jungen Volkes zusammen, um Hildurs letzten Jungfernabend zu feiern, und man tanzte bis tief in die Nacht hinein. Es gab auch viel zu trinken, aber Gudmund rührte nichts an. Den ganzen Abend sprach er kaum ein Wort zu irgend jemand, aber er tanzte wild und lachte zuweilen laut und schrill auf, ohne daß jemand wußte, worüber.

Gudmund kam nicht vor zwei Uhr nach Hause, und sobald er das Pferd in den Stall geführt hatte, ging er zu dem Sumpf hinter dem Hause. Er streifte die Schuhe ab, krempelte die Hosen hinauf und watete ins Wasser. Es war eine helle Sommernacht, und der Vater stand in dem Kämmerchen hinter der Gardine und sah dem Sohne zu. Er sah, wie er tief über das Wasser gebeugt einherging und suchte, wie in der Nacht zuvor. Von Zeit zu Zeit ging er wieder an das Ufer, so, als zweifle er, etwas zu finden, aber nach einer Weile watete er wieder in das Wasser hinaus. Einmal ging er in den Stall und holte einen Eimer und begann Wasser aus den kleinen Pfützen zu schöpfen, als wolle er sie trockenlegen, aber er fand es sicherlich zwecklos und stellte den Eimer wieder weg. Er versuchte es auch mit einem Sieb. Er durchsuchte den ganzen Sumpf damit, schien aber nichts anderes heraufzubekommen als Schlamm. Erst um die Morgenstunde kam er herein, als die Leute im Hause sich schon zu rühren begannen. Da war er so müde und übernächtig, daß er im Gehen schwankte, und warf sich aufs Bett, ohne die Kleider abzulegen.

Als die Uhr acht schlug, kam der Vater und weckte ihn; Gudmund lag auf dem Bett, die Kleider voll Schlamm und Lehm; aber der Vater fragte nicht, was er angestellt habe, sondern sagte nur, es sei jetzt Zeit aufzustehen, und schloß die Tür. Nach einer Weile kam Gudmund in die Wohnstube hinunter, mit den feinen Hochzeitskleidern angetan. Er war bleich, und die Augen brannten in unruhigem Glanz, aber niemand hatte ihn je so schön gesehen. Die Züge waren wie von einem inneren Schein verklärt. Man glaubte einen Menschen zu sehen, der nicht mehr aus Fleisch und Blut bestünde, sondern nur noch aus Wille und Seele.

Unten in der Wohnstube sah es festlich aus. Die Mutter hatte ihr schwarzes Kleid angezogen und einen schönen

Seidenschal um die Schultern getan, obgleich sie nicht zur Hochzeit fahren wollte. Auch alle Dienstleute waren in ihren besten Kleidern. Über dem Herde stak frisches Birkenlaub, auf dem Tische lag eine schöne Decke, und viele Schüsseln standen darauf.

Als sie gegessen hatten, las Mutter Ingeborg einen Psalm und ein Stück aus der Bibel vor. Dann wendete sie sich an Gudmund, dankte ihm, weil er ihr ein guter Sohn gewesen war, wünschte ihm Glück für sein zukünftiges Leben und gab ihm ihren Segen. Mutter Ingeborg wußte ihre Worte gut zu setzen, und Gudmund war sehr gerührt. Immer wieder traten ihm die Tränen in die Augen, aber es gelang ihm doch, das Weinen zu unterdrücken. Auch der Vater sprach ein paar Worte: »Es wird schwer für deine Eltern sein, dich zu verlieren«, sagte er, und Gudmund war wieder nahe daran, in Schluchzen auszubrechen. Auch alle Dienstleute traten vor, schüttelten ihm die Hand und dankten ihm für die Zeit, die nun zu Ende war. Beständig hingen Gudmund die Tränen in den Wimpern. Er räusperte sich und machte ein paar Versuche, zu sprechen, doch brachte er kaum ein Wort über die Lippen.

Der Vater sollte ihn in das Haus der Braut begleiten und der Hochzeit beiwohnen. Er ging in den Hof, spannte das Pferd ein und kam dann wieder, um zu sagen, daß es Zeit sei, sich auf den Weg zu machen. Als Gudmund sich in den Wagen setzte, merkte er, daß alles so spiegelblank war, wie er es selbst immer gern gehabt hatte. Zugleich sah er auch, wie fein der Hof herausgeputzt war; der Zufahrtsweg war frisch beschottert; alte Holzhaufen und anderes Gerümpel, das zeit seines Lebens dort gelegen, waren fortgeschafft. Zu beiden Seiten der Eingangstür standen ein paar abgehauene Birken als Triumphpforte, an der Wetterfahne hing ein großer Blumenkranz, und aus allen Fensterluken guckten lichtgrüne Birkenreiser. Wieder war Gudmund nahe daran, in Tränen auszubrechen. Er drückte dem Vater, der eben das Pferd in Gang setzen wollte, heftig die Hand. Es war, als wollte er ihn von der Fahrt abhalten. »Willst du etwas?« sagte der Vater. – »Ach nein«, sagte Gudmund. »Es ist wohl am besten, wenn wir uns auf den Weg machen.«

Bevor sie weit vom Hofe waren, mußte Gudmund noch einmal Abschied nehmen. Es war Helga vom Moorhof, die an der Stelle stand und wartete, wo der Waldpfad von ihrem Heim her auf den Weg mündete. Der Vater, der kutschierte, hielt an, sowie er Helga erblickte. »Ich hab auf euch gewartet, weil ich Gudmund Glück wünschen möchte«, sagte Helga. Gudmund beugte sich aus dem Wagen und schüttelte Helga die Hand. Er glaubte zu sehen, daß sie abgemagert war, ihre Augen waren rot gerändert. Sie lag wohl nachts und weinte und sehnte sich nach Närlunda. Aber jetzt trachtete sie, fröhlich auszusehen, und lächelte ihm zu. Er war wieder sehr gerührt, konnte aber nichts sagen. Der Vater, der ja in dem Rufe stand, daß er nicht sprach, ehe die Not am höchsten war, fiel ein: »Ich glaube, über diesen Glückwunsch freut sich Gudmund mehr als über irgendeinen anderen.« – »Ja, das ist sicher«, sagte Gudmund. Sie schüttelten sich noch einmal die Hand, und dann fuhr der Vater weiter. Gudmund beugte sich aus dem Wagen und sah Helga nach. Als sie von ein paar Bäumen verdeckt wurde, riß er plötzlich den

Fußsack weg und erhob sich, als wollte er aus dem Wagen springen. – »Willst du Helga noch etwas sagen?« fragte der Vater. – »Nein, ach nein«, antwortete Gudmund und setzte sich wieder zurecht.

Sie fuhren noch eine kleine Strecke. Der Vater fuhr sehr gemächlich. Es war, als mache es ihm Freude, so mit seinem Sohne neben sich zu fahren. Er machte keinerlei Anstalten, rasch ans Ziel zu kommen.

Plötzlich ließ Gudmund den Kopf auf die Schulter des Vaters sinken und brach in heftiges Schluchzen aus. »Was ist dir?« fragte Erland und zog die Zügel so plötzlich an, daß das Pferd mit einem Ruck stehenblieb. – »Ach, alle sind so gut gegen mich, und ich verdien es nicht.« – »Du hast doch nichts Böses getan?« – »Doch, Vater, das habe ich.« – »Das wollen wir doch nicht glauben.« – »Ja, ich hab einen Menschen erschlagen.«

Der Vater holte tief Atem. Es klang beinahe wie ein Seufzer der Erleichterung; Gudmund hob erstaunt den Kopf und sah ihn an. Der Vater ließ das Pferd wieder in Trab fallen, dann sagte er still: »Ich bin froh, daß du es selbst gesagt hast.« – »Wußtet Ihr es denn schon, Vater?« – »Ich sah schon Samstag abend, daß irgend etwas nicht in Ordnung war. Und dann fand ich dein Messer im Morast.« – »Ach so, *Ihr* habt das Messer gefunden!« – »Ich hab es gefunden, und ich sah, daß die eine Klinge abgebrochen war.«

»Ja, Vater, ich weiß, daß die Klinge abgebrochen ist. Aber ich kann mir doch nicht denken, daß ich es getan haben soll.« – »Es ist wohl im Rausch geschehen.« – »Ich weiß nichts, ich kann mich an nichts erinnern. Ich sah es an meinen Kleidern, daß ich bei einer Rauferei war, und ich weiß, daß die Messerklinge weg ist.«–»Ich verstehe, daß du es verschweigen wolltest«, sagte der Vater. – »Ich dachte, die anderen waren gewiß ebenso sinnlos betrunken wie ich und können sich an nichts erinnern. Es liegt vielleicht sonst kein Beweis gegen mich vor als das Messer, und darum hab ich es weggeworfen.« – »Ich kann mir denken, daß du dir die Sache so zurechtgelegt hast.« – »Ihr versteht, Vater: ich weiß nicht, wer der Tote ist; ich hab ihn vielleicht nie im Leben gesehen. Ich kann mich nicht erinnern, daß ich es getan habe. Und da sagte ich mir, ich brauchte doch nicht für etwas zu leiden, was ich nicht mit Willen getan habe. Aber bald sah ich ein, daß es eine Tollheit war, das Messer in den Sumpf zu werfen. Er trocknet doch im Sommer aus, und da kann es ein jeder finden. Darum wollte ich es gestern nacht und heute nacht suchen.« – »Hast du gar nicht daran gedacht, zu gestehen?« – »Nein, gestern dachte ich nur, wie ich es geheimhalten könnte, und ich versuchte zu tanzen und vergnügt zu sein, damit mir niemand etwas anmerkte.« – »War es deine Absicht, vor den Traualtar zu treten, ohne zu gestehen? Das ist eine große Verantwortung. Sahst du nicht ein, daß du Hildur und ihre Familie mit in dein Elend ziehst, wenn man dich entdeckt?« – »Ich dachte, daß ich sie am besten verschonte, wenn ich nichts sagte.«

Sie fuhren im Galopp den Weg entlang. Der Vater schien es jetzt sehr eilig zu haben, ans Ziel zu kommen. Die ganze Zeit sprach er zu dem Sohne. Er hatte ihm vorher in seinem ganzen Leben nicht so viele Worte gesagt.

»Ich wüßte gern, wodurch du anderer Meinung geworden

bist«, sagte er. – »Weil Helga kam und mir Glück wünschte.
Da brach etwas Hartes in mir. Ich war so gerührt über sie.
Ich war auch heute morgen über Mutter und über Euch
gerührt, und ich wollte sprechen und sagen, daß ich Euere
Liebe nicht verdiene, aber das Harte war damals noch in mir
und leistete Widerstand. Aber als Helga kam, da war es aus und
geschehen. Ich meinte, sie müßte mir eigentlich böse sein, weil
ich doch schuld daran bin, daß sie von daheim fort mußte.«
»Nun, denke ich, wirst du mit mir einig sein, daß wir dies
gleich den Amtmann wissen lassen müssen«, sagte der
Vater. – »Ja«, antwortete Gudmund mit leiser Stimme. »Ja,
gewiß,« fügte er gleich darauf lauter und fester hinzu, »ich
will Hildur nicht in mein Unglück hineinziehen. Sie würde
es mir nie verzeihen.« – »Die Älvåkraleute halten ihre Ehre
hoch, sie wie andere,« sagte der Vater, »und das magst du
wissen, Gudmund: als ich heute morgen von daheim fortfuhr, da sagte ich mir, ich muß es dem Amtmann erzählen,
wie es um dich steht, wenn du dich nicht entschließt, es
selbst zu tun. Wie hätte ich schweigend zusehen und Hildur einen heiraten lassen können, dem jede Stunde eine
Anklage wegen Mordes droht?«
Er klatschte mit der Peitsche und fuhr in immer rasende-
rem Galopp. »Das wird das Schwerste für dich sein«, sagte
er. »Wir müssen es so einrichten, daß es bald überstanden
ist. Ich denke, der Amtmann und seine Familie werden es
recht von dir finden, daß du dich selbst angibst, und sie
werden freundlich gegen dich sein.«
Gudmund antwortete nichts. Er sah immer gequälter aus,
je mehr sie sich Älvåkra näherten. Der Vater sprach weiter,
um ihm Mut zu machen.

»Ich habe einmal eine ähnliche Geschichte gehört«, sagte er. »Ein Bräutigam hatte einen Kameraden auf der Jagd erschossen. Es war nicht seine Absicht gewesen, und man hatte nicht entdeckt, daß er es war, der den tödlichen Schuß abgefeuert hatte. Aber ein paar Tage später sollte er heiraten; und als er in das Hochzeitshaus kam, da ging er zur Braut und sagte: ›Aus der Hochzeit kann nichts werden. Ich will dich nicht in das Elend hineinziehen, das mich erwartet.‹ Aber sie stand schon fertig geschmückt da, in Krone und Schleier, und sie nahm ihn bei der Hand und führte ihn in den Saal, wo die Gäste versammelt waren und alles für die Trauung bereit war. Und sie erzählte allen mit lauter Stimme, was ihr der Bräutigam eben gesagt hatte. ›Dies erzähle ich, damit alle wissen, daß du nicht falsch gegen mich gewesen bist‹, sagte sie dann und wendete sich an den Bräutigam. ›Aber jetzt will ich mich gleich mit dir trauen lassen. Denn du bleibst der, der du bist, wenn du auch ins Unglück gekommen bist; und was dich auch erwartet, das will ich gemeinsam mit dir tragen.‹«

Als der Vater mit seiner Erzählung zu Ende war, waren sie gerade bei der langen Gasse angelangt, die nach Älvåkra führte. Gudmund sagte mit einem wehmütigen Lächeln zu ihm: »So wird es uns nicht ergehen.« – »Wer weiß«, antwortete der Vater und richtete sich im Wagen auf. Er sah den Sohn an und mußte wieder staunen, wie schön der an diesem Tage war. ›Es sollte mich nicht wundern, wenn ihm etwas Großes und Unerwartetes widerführe‹, dachte er.

Es sollte eine Kirchenhochzeit sein, und eine Menge von Leuten hatte sich schon bei den Brauteltern versammelt, um im Hochzeitszuge mitzufahren. Auch viele Verwandte des Amtmanns waren von weit und breit gekommen. Sie saßen in ihrem besten Staat auf dem Flur, bereit zur Fahrt in die Kirche. Wagen und Kutschen standen im Hof, und man hörte, wie die Pferde im Stalle stampften, während sie gestriegelt wurden. Der Dorfspielmann saß allein auf der Treppe der Scheuer und stimmte die Fiedel. An einem Fenster im oberen Stockwerk stand die Braut fertig angekleidet und hielt Ausschau, um den Bräutigam zu sehen, bevor der sie erspäht hätte.

Erland und Gudmund stiegen aus dem Wagen und sagten sogleich, daß sie mit Hildur und ihren Eltern allein sprechen müßten. Bald standen sie alle in einem kleinen Zimmer, wo der Amtmann sein Schreibpult hatte.

»Ich denke, Herr Amtmann, Sie haben in den Zeitungen von jener Schlägerei in der Stadt gelesen, bei der ein Mensch ermordet wurde, in der Nacht von Freitag auf Samstag«, sagte Gudmund so rasch, als leiere er eine Lektion herunter. – »Ja, freilich habe ich davon gelesen«, sagte der Amtmann. – »Ich war nämlich in jener Nacht in der Stadt«, fuhr Gudmund fort. Jetzt kam keine Antwort. Es wurde totenstill. Gudmund war es, als ob alle ihn mit einem solchen Entsetzen anstarrten, daß er nicht weitersprechen konnte. Aber der Vater kam ihm zu Hilfe. – »Gudmund war von ein paar Freunden eingeladen. – Er hat in jener Nacht wohl zuviel getrunken, denn als er heimkam, wußte er gar nicht, was mit ihm geschehen war. Aber man merkte es ihm an, daß er bei einer Rauferei gewesen war, denn seine Kleider waren zerrissen.« Gudmund sah, wie das Entsetzen, das die anderen empfanden, mit jedem Worte zunahm, aber er selbst wurde ruhiger.

Ein Gefühl des Trotzes erwachte in ihm, und er ergriff wieder das Wort: »Als nun am Samstagabend die Zeitung kam und ich von der Schlägerei las und von der Messerklinge, die in der Hirnschale des Mannes steckengeblieben war, da zog ich mein Messer hervor und sah, daß eine Klinge fehlte.« – »Das sind schlimme Neuigkeiten, die du da bringst, Gudmund«, sagte der Amtmann. »Es wäre richtiger gewesen, wenn du uns das gestern gesagt hättest.« – Gudmund schwieg, und da kam ihm der Vater wieder zu Hilfe. – »Es war nicht so leicht für Gudmund. Die Versuchung, das Ganze zu verschweigen, war sehr groß. Er verliert sehr viel durch dieses Geständnis.« – »Ja, wir müssen noch froh sein, daß er jetzt gesprochen hat, so daß wir nicht in das Elend hineingezogen werden«, sagte der Amtmann bitter.

Gudmund hielt seine Augen die ganze Zeit auf Hildur gerichtet. Sie trug Krone und Schleier; und nun sah er, wie sie die Hand hob und eine der großen Nadeln herauszog, die die Krone festhielten. Sie schien dies ganz unbewußt getan zu haben. Als sie merkte, daß Gudmunds Blicke auf ihr ruhten, steckte sie die Nadel wieder hinein.

»Es ist ja noch gar nicht bewiesen, daß Gudmund der Schuldige ist,« sagte der Vater, »aber ich begreife: Ihr wollt, daß die Hochzeit aufgeschoben wird, bis wir alles aufgeklärt haben.« – »Es hat wohl wenig Zweck, von Aufschub zu sprechen«, sagte der Amtmann. »Ich denke, Gudmund ist seiner Sache recht sicher, und wir könnten uns wohl darüber einigen, daß es zwischen ihm und Hildur ein für allemal aus ist.«

Gudmund antwortete nicht gleich. Er ging zu seiner Braut

hinüber und streckte die Hand aus. Sie saß ganz regungslos da und schien ihn nicht zu sehen. »Willst du mir nicht Lebewohl sagen, Hildur?« Jetzt sah sie auf, und ihre großen Augen blitzten ihn kalt an. – »Hast du mit dieser Hand das Messer geführt?« fragte sie. Gudmund antwortete ihr keine Silbe, sondern wendete sich an den Amtmann. – »Ja, jetzt bin ich meiner Sache sicher«, sagte er. »Es hat gar keinen Zweck, die Hochzeit aufzuschieben.«

Damit war die Unterredung beendet, und Gudmund und Erland gingen ihrer Wege. Sie hatten durch mehrere Stuben und Kammern zu gehen, ehe sie hinauskamen, und überall sahen sie Vorbereitungen zur Hochzeit. Die Tür nach der Küche stand offen, und sie sahen, wie eine Menge Menschen in eiliger Geschäftigkeit durcheinanderlief. Der Duft von Braten und Backwerk drang heraus, der ganze Herd war voll kleiner und großer Töpfe, die Kupferkasserollen, die sonst die Wände schmückten, waren heruntergenommen und im Gebrauch. ›Ach, daß sie alle diese Zurüstungen für meine Hochzeit machen!‹ dachte Gudmund, als er vorüberging.

Er bekam Einblick in den ganzen Reichtum dieses alten Bauernhofes, wie er so durch das Haus wanderte. Er sah den Eßsaal, wo große Tische mit langen Reihen von Silberbechern und Kannen gedeckt waren. Er kam durch die Kleiderkammer, wo auf dem Boden große Truhen standen und an den Wänden Kleider in unendlicher Reihe hingen. Als er dann in den Hof hinaustrat, sah er eine Menge alter und neuer Wagen, prächtige Pferde wurden aus dem Stall geführt und schöne Wagendecken in die Kutschen gelegt. Er sah über ein paar Höfe, die von Scheunen, Ställen,

Schuppen, Vorratskammern und noch vielen anderen Gebäuden umgeben waren. ›Das alles hätte mein sein können‹, dachte er, als er sich in den Wagen setzte.

Mit einem Male kam bittere Reue über ihn. Er wäre am liebsten aus dem Wagen gesprungen und hineingelaufen, um ihnen zu sagen, es sei alles nicht wahr, was er erzählt hätte. Er hätte ja nur mit ihnen spaßen und sie erschrecken wollen. Es war doch unerhört töricht von ihm gewesen, zu bekennen. Was nützte es, daß er gestanden hatte? Dadurch wurde die Sache für keinen Menschen besser. Der Tote war ja tot. Nein, dieses Geständnis hatte nichts anderes zur Folge, als daß auch er ins Verderben gestürzt wurde.

In den letzten Wochen hatte er diese Heirat nicht mehr so eifrig gewünscht; aber jetzt, da er darauf verzichten mußte, fühlte er erst, was sie wert war. Es bedeutete viel, Hildur Erikstochter und alles, was an ihr hing, zu verlieren. Was hatte es zu sagen, daß sie eigenwillig und selbstherrlich war! Sie war doch die Erste von allen in der Umgegend, und durch sie wäre er zu großer Macht und Ehre gekommen.

Er trauerte jetzt nicht nur um Hildur und ihr Hab und Gut, sondern auch um kleinere Dinge. In diesem Augenblick wäre er zur Kirche gefahren, und alle, die ihn gesehen, hätten ihn beneidet. Und heute hätte er zuoberst an der Hochzeitstafel gesessen. Heute wäre er mitten in Tanz und Fröhlichkeit gewesen. Es war sein großer Glückstag, der ihm nun entging. Erland drehte den Kopf einmal ums andere dem Sohne zu und sah ihn an. Er war jetzt nicht so schön und verklärt, wie er am Morgen gewesen war, sondern saß stumpf und schwerfällig da mit erloschenem Blick. Der Vater hätte wohl gern gewußt, ob der Sohn sein Geständnis bereue, und er wollte ihn danach fragen, hielt es aber doch für richtiger, zu schweigen. »Wohin wollen wir jetzt fahren?« fragte Gudmund nach einer Weile. »Wäre es nicht das beste, gleich zu Gericht zu gehen?« – »Du mußt zuerst nach Hause, damit du ruhen und dich ausschlafen kannst«, sagte der Vater. »Du hast in den letzten Nächten wohl nicht viel Schlaf gefunden.« – »Mutter wird erschrecken, wenn sie uns sieht.« – »Sie wird nicht so erstaunt sein,« sagte der Vater, »sie weiß ebensoviel wie ich. Sie wird sich freuen, daß du gestanden hast.« – »Ich glaube, Mutter und ihr alle miteinander daheim seid froh, mich ins Gefängnis zu bringen«, sagte Gudmund bitter. – »Wir wissen, daß du viel verlierst, weil du recht gehandelt hast,« sagte der Vater, »wir können nicht anders: wir müssen uns freuen, daß du dich selbst überwunden hast.«

Gudmund glaubte es nicht ertragen zu können, nach Hause zu fahren und allen den Leuten zuzuhören, die ihn rühmen würden, weil er seine Zukunft vernichtet hatte. Er suchte einen Vorwand, um niemand treffen zu müssen, bevor er sich mehr Ruhe erkämpft hatte. Nun fuhren sie an der Stelle vorüber, wo der Pfad zum Moorhof abbog. »Wollt Ihr hier halten, Vater? Ich denke, ich gehe zu Helga hinauf und spreche mit ihr.« Der Vater hielt bereitwillig das Pferd an. »Komm nur, sobald du kannst, nach Hause, damit du dich ausruhst«, sagte er.

Gudmund schlug den Weg in den Wald ein und war bald zwischen den Bäumen verschwunden. Er dachte nicht daran, Helga aufzusuchen. Er war nur froh, allein zu sein, so daß er sich keinen Zwang aufzuerlegen brauchte. Er fühlte eine unvernünftige Wut gegen alles. Er stieß Steine fort, die ihm im Wege lagen, und blieb zuweilen stehen, um einen großen Ast abzubrechen, nur weil ein Blatt sein Gesicht gestreift hatte. Er schlug den Weg zum Moorhof ein, ging aber an der Hütte vorbei und kletterte den Berg hinauf. Dort wurde es ihm bald schwer, weiterzukommen. Er hatte den Pfad verlassen; und um den nächsten Gipfel zu erreichen, mußte er durch ein breites Flußbett voll kantiger Felsblöcke gehen. Es war eine gefährliche Wanderung über die scharfen Felskanten, und er konnte sich Arme und Beine brechen, wenn er einen Fehltritt machte. Das wußte er sehr wohl, aber er ging doch weiter, als mache es ihm Freude, sich einer Gefahr auszusetzen. ›Und wenn ich mich zuschanden falle, so findet mich hier oben niemand‹, dachte er. ›Aber was tut das? Ich kann ebensogut hier liegen und sterben wie jahrelang hinter Gefängnismauern sitzen.‹

Doch alles ging gut ab, und ein paar Minuten später stand er auf der Höhe. Über den Berg war einmal ein Waldbrand hingegangen. Die oberste Spitze war noch kahl, und von dort hatte man eine meilenweite Aussicht. Er sah Täler und Seen, dunkle Wälder und fruchtbare Äcker, Kirchen und Herrenhöfe, kleine Bauernhütten und große Dörfer. Weit in der Ferne lag die Stadt, in einen weißen Schleier von Sonnenrauch gehüllt, aus dem ein paar funkelnde Türme aufragten. Durch die Täler schlängelten sich Wege, und ein Eisenbahnzug rollte am Waldessaume vorbei. Es war ein ganzes Reich, was er da sah.

Er warf sich zu Boden, hielt aber den Blick noch immer auf

die weite Fernsicht geheftet. Es war etwas Stolzes und Großes in dieser Landschaft vor ihm, und er empfand sich selbst und seine Sorgen als klein und unbedeutend.

Ihm kam eine Erinnerung aus seiner Kindheit. Wenn er damals gelesen hatte, daß der Versucher Jesus auf einen hohen Berg geführt und ihm alle Herrlichkeit der Welt gezeigt hätte, so war er immer der Meinung gewesen, die beiden müßten hier oben auf dem Gipfel gestanden haben. – Und er sprach die alten Worte vor sich hin: »Dies alles will ich dir geben, wenn du niederfällst und mich anbetest.« Da kam es ihm plötzlich vor, als sei ihm selbst in diesen letzten Tagen eine solche Versuchung entgegengetreten. Wahrlich, hatte ihn nicht der Versucher auf einen hohen Berg geführt und ihm alle Herrlichkeit der Macht und des Reichtums gezeigt? »Verschweige nur das Böse, das du getan hast,« sagte er, »und ich will dir dies alles geben.« Als Gudmund daran dachte, kam ein klein wenig Befriedigung über ihn. »Ich habe ja nein geantwortet« sagte er; und plötzlich begriff er, worum es sich für ihn gehandelt hatte. Wenn er geschwiegen hätte, wäre er dann nicht all sein Lebtag verurteilt gewesen, den Versucher anzubeten? Ein scheuer, mutloser Mann wäre er geworden, ein Sklave von Hab und Gut. Die Furcht vor der Entdeckung hätte stets auf ihm gelastet. Nie mehr hätte er sich als ein freier Mann fühlen können.

Eine große Ruhe kam über Gudmund. Er wurde ganz glücklich, weil er einsah, daß er recht gehandelt hatte. Wenn er an die vergangenen Tage zurückdachte, schien es ihm, daß er in einer großen Dunkelheit getappt hätte. Es war wunderbar, daß er sich zuletzt doch zurechtgefunden hatte. Er fragte sich selbst, wie es zugegangen sei, daß er nicht in die Irre gegangen wäre. ›Ich danke es dem, daß sie daheim alle so gut gegen mich waren,‹ dachte er, ›und die beste Hilfe war doch, daß Helga kam und mir Glück wünschte!‹

Er blieb noch eine Weile oben auf dem Gipfel liegen, aber bald sagte er sich, er müsse zu Vater und Mutter heimgehen und ihnen sagen, daß er den Frieden mit sich selbst gefunden hätte. Als er nun aufstand, um zu gehen, bemerkte er, daß ein Stück weiter unten Helga auf einem Felsvorsprung saß.

Sie hatte dort nicht die große, weite Aussicht, nur ein kleines Stück des Tales war für sie sichtbar. Es war die Gegend, wo Närlunda lag, und sie sah vermutlich ein Stück des Hofes. Als Gudmund sie erblickte, fühlte er, wie sein Herz, das den ganzen Tag mühsam und ängstlich gearbeitet hatte, leicht und fröhlich zu klopfen begann, und zu gleicher Zeit durchzuckte ihn ein so starkes Glücksgefühl, daß er stehenblieb und über sich selbst staunte.

›Was ist mir denn? Was ist das? Was ist das?‹ dachte er, während das Blut durch seinen Körper strömte und das Glück ihn mit solcher Macht packte, daß er es beinahe schmerzhaft empfand. Endlich sagte er mit erstaunter Stimme zu sich selbst: »Aber ich habe ja sie lieb! Nein, daß ich das bisher gar nicht wußte!« Es packte ihn mit der Stärke eines befreiten Wasserfalls. Er war die ganze Zeit, solange er sie kannte, gebunden gewesen. Alles, was ihn zu ihr hinzog, hatte er zurückgedrängt. Jetzt erst, da er frei war von dem Gedanken, eine andere zu heiraten, hatte er die Freiheit, sie zu lieben.

»Helga!« rief er und begann zugleich den Abhang zu ihr hinunterzuklettern. Sie wandte sich mit einem erschrockenen Aufschrei um. »Hab keine Angst! Ich bin es nur.« – »Aber bist du denn nicht in der Kirche und wirst getraut?« – »Ach nein, aus der Hochzeit wird nichts. Sie will mich nicht haben, Helga.«

Helga richtete sich auf. Sie preßte die Hand aufs Herz und schloß die Augen. Sie dachte in diesem Augenblick wohl, daß es nicht Gudmund sei, der da kam. Ihre Augen und Ohren müßten hier im Walde verhext worden sein. Aber schön und herrlich war es doch, daß er sich zeigte, wenn auch nur als Traumerscheinung; und sie schloß die Augen und blieb regungslos stehen, um das Trugbild noch ein paar Augenblicke festzuhalten.

Aber Gudmund war wild und toll von der großen Liebe, die in ihm aufgelodert war. Sobald er zu Helga heruntergekommen war, schlang er die Arme um sie und küßte sie, und sie ließ es geschehen, denn sie war ganz betäubt und benommen vor Überraschung. Es war ja zu wunderbar, daß er, der gerade jetzt in der Kirche stehen sollte, zur Seite seiner Braut, wirklich hierher in den Wald gekommen war. Dieser Geist oder Doppelgänger von ihm, der zu ihr gekommen war, mochte sie immerhin küssen. Aber in dem Augenblick, da Gudmund Helga küßte, wachte sie auf und stieß ihn von sich. Und nun begann sie ihn mit Fragen zu überschütten. Ob er es wirklich selbst sei. Was er im Walde zu tun hätte. Ob ein Unglück geschehen. Warum man die Hochzeit aufgeschoben hätte. Ob Hildur krank sei. Ob den Pfarrer in der Kirche der Schlag gerührt hätte.

Gudmund wollte mit ihr von nichts anderem auf der Welt

sprechen als von seiner Liebe; aber sie zwang ihn, zu erzählen, wie alles zugegangen war. Während er sprach, saß sie still da und hörte mit tiefer Andacht zu.

Sie unterbrach ihn nicht, bis er von der abgebrochenen Klinge erzählte. Da fuhr sie auf und fragte, ob es sein gewöhnliches Messer sei, das er gehabt hätte, als sie noch auf Närlunda diente. »Ja, gerade das war es«, sagte er. – »Wieviel Klingen waren denn abgebrochen?« fragte sie. – »Nicht mehr als eine.«

In Helgas Kopf begann es zu arbeiten. Sie saß mit gerunzelter Stirn da und suchte sich an etwas zu erinnern. Wie war es doch? Ja, gewiß. Sie entsann sich deutlich, daß sie sich dieses Messer an dem Tage, bevor sie fortging, von ihm ausgeliehen hatte, um Holz zu spalten; dabei hatte sie es zerbrochen, aber sie war nicht dazu gekommen, es ihm zu sagen. Er war ihr damals immer ausgewichen und hatte nicht mit ihr sprechen wollen. Und nun hatte er das Messer wohl seitdem in der Tasche gehabt und gar nicht bemerkt, daß es zerbrochen war.

Sie hob den Kopf und wollte ihm dies eben sagen; doch er erzählte weiter von seinem Besuch heute morgen im Hochzeitshaus, und sie wollte ihn zu Ende kommen lassen. Als sie hörte, wie er von Hildur geschieden war, erschien ihr dies als ein so furchtbares Unglück, daß sie ihn mit Vorwürfen überhäufte. »Das ist deine eigene Schuld«, sagte sie. »Da kommt ihr, du und dein Vater, angefahren und erschreckt sie zu Tode mit der furchtbaren Botschaft. So hätte sie nicht geantwortet, wenn sie bei Sinnen gewesen wäre. Ich will dir eines sagen: ich glaube, sie bereut es schon in diesem Augenblick.« – »Meinethalben mag sie bereuen, soviel sie will«, sagte Gudmund. »Ich weiß jetzt, daß sie eine ist, die immer nur an sich selbst denkt. Ich bin froh, daß ich sie los bin.«

Helga preßte die Lippen aufeinander, damit ihr das große Geheimnis nicht entschlüpfe. Sie hatte viel zu denken. Es handelte sich nicht nur darum, Gudmund von dem Morde reinzuwaschen. Es herrschte ja auch Feindschaft zwischen Gudmund und seiner Braut. Könnte sie nicht versuchen, die beiden mit Hilfe dessen, was sie wußte, zu versöhnen? Wieder saß sie stumm da und grübelte, bis Gudmund davon zu sprechen begann, daß er seinen Sinn jetzt ihr zugewandt hätte.

Aber das erschien ihr als das größte Unglück, das ihm an diesem Tage widerfahren war. Schlimm war es schon, daß die vorteilhafte Heirat zu scheitern drohte, noch schlimmer aber, daß er um eine wie sie werben wollte. »Nein, so etwas darfst du mir nicht sagen«, rief sie und sprang plötzlich auf. – »Warum soll ich es dir nicht sagen?« fragte Gudmund und erblaßte. »Ist es mit dir vielleicht geradeso wie mit Hildur? Hast du Angst vor mir?« – »Nein, nicht deshalb.« Sie wollte ihm erklären, daß er in sein eigenes Verderben renne, aber er hörte ihr gar nicht zu. – »Ich habe gehört, daß es früher einmal Frauen gab, die den Männern zur Seite standen, wenn sie in Not kamen; aber heute trifft man solche Frauen nicht mehr.« Helga erzitterte. Sie hätte die Arme um seinen Hals schlingen mögen, aber sie verhielt sich still. Heute mußte sie vernünftig sein. – »Es ist ja wahr, ich hätte dich nicht an demselben Tage, da ich ins Gefängnis soll, bitten dürfen, mein Weib zu werden. Aber der Gedanke, daß du auf mich warten würdest, bis ich wieder frei wäre, hätte mich all das Schwere mit leichtem Mut erdulden lassen.« – »Ich bin es nicht, die auf dich warten soll, Gudmund.« – »Alle Menschen werden mich jetzt als einen Missetäter betrachten, als einen, der sich besäuft und mordet. Ach, wenn es nur eine gäbe, die mich mit Liebe ansehen könnte! Das würde mich besser aufrecht erhalten als alles andere.« – »Du weißt, daß ich nie etwas anderes als Gutes von dir denken werde, Gudmund.« Helga war sehr still. Gudmunds Bitten wurden fast zuviel für sie. Sie wußte gar nicht, wie sie ihm entkommen sollte. Aber Gudmund verstand nichts, sondern begann zu glauben, daß er sich geirrt habe. Sie könnte nicht dasselbe für ihn empfinden wie er für sie. Er kam ganz dicht an sie heran und sah sie an, als wollte er mitten durch sie hindurchsehen. »Sitzest du nicht gerade auf diesem Felsen hier, um nach Närlunda hinunterzusehen?« – »Ja, das tue ich.« – »Sehnst du dich nicht Tag und Nacht hin?« – »Ja. Aber ich sehne mich nicht nach einem Menschen.« – »Und mich magst du gar nicht?« – »O ja, aber ich will dich nicht heiraten.« – »Wen hast du denn gern?« – Helga schwieg. – »Per Martensson?« – »Ja, ihm hab ich gesagt, daß ich ihn gern habe«, sagte sie und war ganz zermartert.

Gudmund blieb ein Weilchen stehen und sah sie mit ergrimmtem Gesicht an. »Dann also lebe wohl! Jetzt gehen wir getrennte Wege, du und ich«, sagte er, und damit machte er einen gewaltigen Sprung von dem Stein zum nächsten Felsabsatz und verschwand unter den Bäumen.

6

Kaum war Gudmund verschwunden, als Helga auf einem anderen Weg den Berg hinuntereilte. Sie lief am Moorhof vorbei, ohne stehenzubleiben, und eilte dann, so rasch sie konnte, über die Waldhügel hinunter auf den Weg. Im ersten Bauernhof, den sie erreichte, bat sie die Bewohner, ihr Pferd und Fuhrwerk zu leihen, damit sie nach Älvåkra fahren könnte. Sie sagte, es gälte das Leben, daß sie hinkäme, und versprach, dafür zu zahlen. Die Dorfleute waren schon heimgekommen und hatten von der unterbliebenen Hochzeit erzählt. Alle waren sehr bewegt und mitleidig, und man wollte Helga die Hilfe nicht verweigern, da sie eine wichtige Botschaft für die Leute auf Älvåkra zu haben schien.

In Älvåkra saß Hildur Erikstochter in einer kleinen Kammer im oberen Stockwerk, wo sie ihr Brautkleid abgelegt hatte. Die Mutter und ein paar andere Bäuerinnen waren um sie. Hildur weinte nicht, aber sie war ungewöhnlich still und blaß; es sah aus, als würde sie jeden Augenblick krank hinsinken. Die Frauen sprachen die ganze Zeit von Gudmund. Alle tadelten ihn und schienen es als ein Glück für Hildur anzusehen, daß sie von ihm befreit war. Einige meinten, Gudmund habe wenig Rücksicht auf die Schwiegereltern gezeigt. Er hätte ihnen schon am Pfingsttage sagen müssen, wie es um ihn stand. Andere sagten, wem ein so großes Glück bevorstünde, der müßte besser auf sich achten. Und einige beglückwünschten Hildur, daß sie dem Schicksal entginge, einen zu heiraten, der sich so sinnlos betrinken könnte, daß er nicht mehr wüßte, was er täte.

Mitten unter diesen Reden schien Hildur ungeduldig zu werden; sie stand auf, um das Zimmer zu verlassen. Sowie sie zur Tür hinaus war, kam ihre beste Freundin, ein junges Bauernmädchen, und flüsterte ihr zu: »Unten ist jemand, der mit dir sprechen will.« – »Ist es Gudmund?« fragte Hildur, und ein Strahl des Lebens leuchtete in ihren Augen auf. – »Nein, aber ich glaube, eine Botschaft von ihm. Sie will, was sie auszurichten hat, keinem als nur dir selbst sagen.« Nun hatte Hildur den ganzen Tag dagesessen und gedacht, daß jemand kommen müsse, der diesem Elend ein Ende mache. Sie konnte es gar nicht begreifen, daß ein so schreckliches Unglück sie treffen solle. Sie meinte, es müsse etwas geschehen, das es ihr möglich mache, Krone und Kranz wieder aufzusetzen, mit dem Hochzeitszug zur Kirche zu fahren und getraut zu werden. Als sie nun von einer Botschaft Gudmunds hörte, wurde sie ganz eifrig und lief eilends zu Helga hinaus, die vor der Küchentür stand und auf sie wartete.

Hildur wunderte sich wohl, daß Gudmund Helga zu ihr schicke, aber sie dachte, er hätte vielleicht heute am Feiertag keine andere Botin gefunden, und begrüßte sie freundlich.

Sie winkte Helga, ihr in die Milchkammer zu folgen, die drüben auf der anderen Längsseite des Hofes lag. »Ich weiß keinen anderen Ort, wo wir allein sprechen können«, sagte sie. »Wir haben noch das ganze Haus voll Leute.«

Sobald sie drinnen waren, trat Helga dicht an Hildur heran und sah ihr ins Gesicht. »Bevor ich etwas sage, muß ich erst wissen, ob du Gudmund lieb hast, Hildur.« Hildur zuckte vor Empörung zusammen. Es war ihr eine Qual, mit Helga auch nur ein einziges Wort wechseln zu müssen, und sie hatte wahrlich keine Lust, sie zu ihrer Vertrauten zu machen. Aber nun war die Not am höchsten, und so zwang sie sich zu antworten: »Warum, glaubst du, hätte ich ihn sonst heiraten wollen?« – »Ich meine, ob du ihn noch lieb hast, Hildur.« – Hildur wurde wie zu Stein, aber unter dem forschenden Blick der anderen konnte sie nicht lügen. – »Vielleicht habe ich ihn noch nie so lieb gehabt wie heute«, sagte sie, jedoch so leise, daß man glauben konnte, es täte ihr weh, die Worte auszusprechen.

»Dann komm gleich mit mir«, sagte Helga. »Ich habe drunten auf der Straße einen Wagen stehen. Du brauchst dich nur fertigzumachen, dann können wir gleich nach Närlunda fahren.« – »Wozu soll es gut sein, daß ich hinfahre?« fragte Hildur. – »Du mußt hinfahren und sagen, daß du Gudmund angehören willst, Hildur, was er auch getan haben mag, und daß du treu auf ihn warten wirst, während er im Gefängnis sitzt.« – »Warum soll ich das sagen?« – »Damit alles zwischen euch wieder gut wird.« – »Aber das ist ja unmöglich. Ich will doch keinen heiraten, der im Gefängnis gesessen hat.«

Helga prallte ein paar Schritte zurück, so, als wäre sie an eine Mauer gestoßen. Aber sie faßte rasch wieder Mut. Sie konnte ja begreifen, daß, wer mächtig und reich war wie Hildur, so denken mußte. »Ich wäre nicht hierhergekommen und ich hätte dich nicht gebeten, nach Närlunda zu fahren, wenn ich nicht wüßte, daß Gudmund unschuldig ist«, sagte sie. Jetzt war es Hildur, die einen Schritt von Helga forttrat. – »Weißt du das, oder ist es nur etwas, was du glaubst?« – »Es wäre besser, wenn wir uns gleich in den

Wagen setzten, dann könnte ich es dir unterwegs erzählen, Hildur.« – »Nein, erst mußt du mir alles sagen. Ich muß wissen, was ich tue.« Helga war so voll brennenden Eifers, daß sie kaum stillstehen konnte, aber sie mußte sich doch bequemen, Hildur zu erzählen, woher sie wüßte, daß nicht Gudmund der Täter sei. »Hast du das Gudmund nicht gleich gesagt?« – »Nein, ich sage es jetzt dir, Hildur. Kein anderer weiß es.« – »Und warum kommst du mit dieser Nachricht zu mir?« – »Damit es zwischen euch wieder gut werde. Auch er wird wohl bald erfahren, daß er nichts Böses getan hat, aber ich will, daß du wie von selbst zu ihm kommst, Hildur, und es gutmachst.« – »Ich soll nicht sagen, daß ich von seiner Schuldlosigkeit weiß?« – »Du sollst ganz von selbst kommen, Hildur, und ihm nie verraten, daß ich mit dir gesprochen habe. Sonst verzeiht er dir nie, was du ihm heute morgen gesagt hast.«

Hildur hörte schweigend zu. Es lag etwas in diesen Worten, was ihr noch nie im Leben begegnet war, und sie war bemüht, es sich klarzumachen. »Weißt du, daß ich es war, die verlangte, daß du aus Närlunda fortkommst?« – »Ich weiß wohl, daß es nicht die Leute auf Närlunda waren, die mich forthaben wollten.« – »Ich kann gar nicht verstehen, daß du heute zu mir kommst und mir helfen willst.« – »Wenn du jetzt nur mitkommst, Hildur, so kann alles gut werden!« Aber Hildur sah Helga an, noch immer in dieselben Grübeleien versunken. – »Vielleicht hat Gudmund dich lieb«, warf sie hin. Aber nun riß Helga die Geduld. – »Was hätte er denn an mir!« sagte sie heftig, »du weißt doch, Hildur, daß ich nichts anderes bin als eine arme Häuslerdirne, und das ist noch nicht einmal das Allerschlimmste.«

Die beiden jungen Mädchen schlichen sich unbemerkt aus dem Haus und saßen bald im Wagen. Helga kutschierte, und sie schonte das Pferd nicht, sondern ließ es rasch traben. Sie waren beide stumm. Hildur saß da und sah Helga an. Es war, als könnte sie sich nicht genug über sie wundern und als dächte sie mehr an sie als an irgend etwas anderes.

Als sie in die Nähe des Hofes kamen, übergab Helga Hildur die Zügel. »Jetzt sollst du allein hinfahren, Hildur, und mit Gudmund sprechen. Ich komme in einer Weile nach und erzähle die Geschichte mit dem Messer. Aber du darfst Gudmund kein Wort davon sagen, Hildur, daß ich dich geholt habe.«

Gudmund saß in der Wohnstube auf Närlunda neben Mutter Ingeborg und sprach mit ihr. Der Vater saß etwas abseits und rauchte. Er sah zufrieden aus und sagte kein Wort. Man merkte, er war der Meinung, jetzt gehe alles, wie es sollte, so daß er nicht einzugreifen brauche.

»Ich wüßte wohl gern, Mutter, was Ihr gesagt haben würdet, wenn Ihr Helga als Schwiegertochter bekommen hättet«, sagte Gudmund. Mutter Ingeborg hob den Kopf und antwortete mit fester Stimme: »Ich werde jede Schwiegertochter mit Freuden aufnehmen, wenn ich nur weiß, daß sie dich so lieb hat, wie eine Frau ihren Mann lieb haben soll.«

Kaum war dies gesagt, als sie Hildur Erikstochter in den Hof einfahren sahen. Sie kam gleich darauf ins Haus und war ganz anders als sonst. Sie trat nicht in ihrer gewohnten zuversichtlichen Art in das Zimmer, sondern es sah fast aus, als wollte sie unten an der Tür stehenbleiben wie ein armes Bettelmädchen. Sie kam jedoch heran und gab Mutter Ingeborg und Erland die Hand. Dann wendete sie sich an Gudmund. »Mit dir will ich ein paar Worte sprechen.« Gudmund stand auf, und sie gingen in die Kammer. Er stellte Hildur einen Stuhl hin, aber sie setzte sich nicht. Sie war ganz rot vor Verlegenheit, und die Worte kamen langsam und scheu über ihre Lippen: »Ich war wohl . . . ja, es war vielleicht zu hart, was ich heute morgen sagte.« – »Ach, wir haben dich damit so plötzlich überfallen«, sagte Gudmund. Sie wurde noch röter und beschämter. – »Ich hätte es mir besser überlegen sollen. Wir könnten . . . es sollte doch . . .« – »Es ist schon am besten, wie es ist, Hildur. Darüber ist nichts mehr zu reden; aber es ist schön, daß du gekommen bist.« Sie schlug die Hände vors Gesicht, holte sehr tief Atem, daß es klang wie ein Schluchzen, hob dann aber den Kopf wieder. »Nein«, sagte sie. »Es geht nicht. Ich will nicht, daß du mich für besser hältst, als ich bin. Jemand kam zu mir und sagte, daß du unschuldig wärest, und riet mir, hierher zu eilen und alles wieder gutzumachen. Und ich sollte nicht sagen, daß ich schon weiß, daß du unschuldig bist. Denn dann würdest du nicht so viel daran finden, daß ich komme. Jetzt sage ich dir: ich wünschte, ich wäre selbst auf den Gedanken gekommen. Doch so war es nicht. Aber ich habe mich den ganzen Tag nach dir gesehnt und gewünscht, daß es wieder gut zwischen uns werden könnte. Und wie es auch kommen mag, – eins will ich dir sagen: ich freue mich, daß du unschuldig bist.«

»Wer hat dir denn diesen Rat gegeben, Hildur?« fragte Gudmund. – »Das darf ich nicht sagen.« – »Ich wundere mich, daß es jemand weiß. Vater kommt eben jetzt vom

Bürgermeister. Er hat in die Stadt telegraphiert. Und es ist die Antwort gekommen, daß der wahre Täter schon gefunden ist.«

Als Gudmund dies sagte, fühlte Hildur, wie die Beine unter ihr zitterten, und sie setzte sich rasch nieder. Es wurde ihr ganz angst, weil Gudmund so ruhig und freundlich war, und sie begann zu verstehen, daß er ganz außerhalb ihrer Macht war. »Ich sehe schon, du kannst es nicht vergessen, Gudmund, wie ich heute vormittag gewesen bin.« – »O doch, das kann ich dir schon verzeihen, Hildur«, sagte er in demselben ruhigen Ton. »Davon wollen wir nie mehr sprechen.«

Sie erzitterte, schlug die Augen nieder und saß da, als warte sie auf etwas. »Es ist nur ein großes Glück, Hildur,« sagte er, kam heran und ergriff ihre Hand, »daß es zwischen uns aus ist. Denn heute ist es mir klargeworden, daß ich eine andere lieb habe. Ich glaube, ich hatte sie schon lange lieb, aber ich weiß es erst seit heute.« – »Wer ist es, die du lieb hast, Gudmund?« kam es tonlos von Hildurs Lippen. – »Ach, das ist einerlei. Ich werde sie nicht heiraten, denn sie hat mich nicht lieb. Aber eine andere kann ich nicht nehmen.«

Hildur hob den Kopf. Es war nicht leicht, zu sagen, was in ihr vorging. Aber sie fühlte in diesem Augenblick, daß sie, die Großbauerntochter, mit all ihrem Reiz und all ihrem Hab und Gut nichts für Gudmund bedeutete. Und sie war stolz und wollte nicht von ihm scheiden, ohne ihm zu zeigen, daß sie ihren Wert in sich hatte, abgesehen von allem Äußerlichen.

»Ich will, Gudmund, daß du mir sagst, ob es Helga vom Moorhof ist, die du gern hast.«

Gudmund stand schweigend da. »Denn wenn es Helga ist, dann weiß ich, daß sie dich lieb hat. Sie kam zu mir und lehrte mich, was ich tun sollte, damit es zwischen uns wieder gut würde. Sie wußte, daß du unschuldig bist, aber sie sagte es nicht dir, sondern ließ es mich zuerst wissen.« – Gudmund sah ihr fest in die Augen. »Findest du darin ein Zeichen, daß sie eine große Liebe für mich hat?« – »Dessen kannst du sicher sein, Gudmund. Das kann ich bezeugen. Niemand in der Welt kann dich lieber haben als sie.« Er ging hastig durch das Zimmer. Dann blieb er vor Hildur stehen. »Aber du? Warum sagst du mir das?« – »Ich will Helga an Edelmut nicht nachstehen.« – »Ach, Hildur, Hildur!« sagte er, legte ihr die Hand auf die Schulter und schüttelte sie, um seiner Rührung Luft zu machen. »Du weißt nicht, nein, du weißt nicht, wie gut ich dir in diesem Augenblick bin. Du weißt nicht, wie glücklich du mich gemacht hast – !«

Helga saß am Wegrand und wartete. Sie saß da, das Kinn in die Hand gestützt, und sah zu Boden. Sie sah Gudmund und Hildur vor sich und dachte, wie glücklich sie jetzt sein müßten.

Während sie so dasaß, kam ein Knecht aus Närlunda vorüber. Als er sie sah, blieb er stehen. »Du hast doch von Gudmund gehört, Helga?« – Ja, das hatte sie. – »Die ganze Geschichte ist ja gar nicht wahr. Der richtige Täter ist schon verhaftet.« – »Ich wußte, daß es nicht wahr sein konnte«, sagte Helga.

Dann ging der Mann, aber Helga blieb am Wegrand sitzen

wie zuvor. Ja so, drüben wußten sie es schon. Sie brauchte
gar nicht nach Närlunda zu gehen, um es zu erzählen.

Sie fühlte sich so wunderlich ausgeschlossen. Vorhin erst
war sie so eifrig gewesen. Sie hatte gar nicht an sich selbst
gedacht, nur daran, daß Gudmunds und Hildurs Hochzeit
zustande kommen müsse. Aber jetzt erst stand es ihr vor Augen, wie einsam sie war. Und es war schwer, für die, die
man lieb hatte, nichts sein zu dürfen. Jetzt brauchte Gudmund sie nicht, und ihr eigenes Kind hat ihre Mutter zu dem
ihren gemacht. Sie gönnte ihr kaum, daß sie es ansah.

Sie dachte daran, daß sie aufstehen und nach Hause gehen
müsse. Aber die Hügel erschienen ihr so steil und schwer
zu ersteigen. Sie wußte gar nicht, wie sie hinaufkommen
solle.

Da kam ein Wagen aus Närlunda. Hildur und Gudmund
saßen darin. Jetzt führen sie wohl nach Älväkra, um zu
sagen, daß sie sich ausgesöhnt hätten. Und morgen fände
dann die Hochzeit statt.

Als sie Helga erblickten, hielten sie an. Gudmund gab
Hildur die Zügel und sprang heraus. Hildur nickte Helga
zu und fuhr weiter.

Gudmund blieb auf dem Wege vor Helga stehen. »Ich bin
froh, daß du hier sitzest, Helga«, sagte er. »Ich glaubte, ich
müßte nach dem Moorhof hinaufgehen, um dich zu treffen.«
Er sagte dies heftig, beinahe hart, und dabei hielt er ihre
Hand fest umklammert, und sie sah es seinen Augen an,
daß er jetzt wußte, wie es um sie stand. Jetzt konnte sie
ihm nicht mehr entfliehen.

38. Auflage 2016. © Insel Verlag Frankfurt am Main und Leipzig
1927. Alle Rechte vorbehalten, insbesondere das der Überset-
zung, des öffentlichen Vortrags sowie der Übertragung durch
Rundfunk und Fernsehen, auch einzelner Teile. Kein Teil des
Werkes darf in irgendeiner Form (durch Fotografie, Mikrofilm
oder andere Verfahren) ohne schriftliche Genehmigung des Ver-
lages reproduziert oder unter Verwendung elektronischer Systeme
verarbeitet, vervielfältigt oder verbreitet werden. Gedruckt auf
holzfreies, alterungsbeständiges Werkdruckpapier der Firma
Cordier, Bad Dürkheim, vom Druckhaus Nomos, Sinzheim.
Gebunden in Fadenheftung von der Großbuchbinderei Spinner
GmbH, Otterweier. Printed in Germany. Erste Auflage 1927.
ISBN 978-3-458-08285-9